I0567479

DISCLAIMER

The author and publisher are providing this book and its contents on an "as is" basis and make no representations or warranties of any kind with respect to this book or its contents. The author and publisher disclaim all such representations and warranties, including but not limited to warranties of merchantability. In addition, the author and publisher do not represent or warrant that the information accessible via this book is accurate, complete, or current.

Except as specifically stated in this book, neither the author nor publisher, nor any authors, contributors, or other representatives will be liable for damages arising out of or in connection with the use of this book. This is a comprehensive limitation of liability that applies to all damages of any kind, including (without limitation) compensatory; direct, indirect, or consequential damages; loss of data, income, or profit; loss of or damage to property; and claims of third parties.

This Book Offers Free Bonus Puzzles

Available Here:

BestActivityBooks.com/WSBONUS20

5 TIPS TO START!

1) HOW TO SOLVE

The Puzzles are in a Classic Format:

- Words are hidden without breaks (no spaces, dashes, ...)
- Orientation: Forward & Backward, Up & Down or
  in Diagonal (can be in both directions)
- Words can overlap or cross each other

2) LEVEL UP THE GAME!

A space is provided next to each word to write new ones, translations or notes. We also offer a convenient **NOTEBOOK** at the end of this edition. It can help you organize your annotations, new words and/or observations.

3) TAG YOUR WORDS

Have you tried using a tag system? For example, you could mark the words which have been difficult to find with a cross, the ones you loved with a star, new words with a triangle, rare words with a diamond and so on...

4) EASY TO CUT!

The Puzzles come with an Extra Large margin to easily cut the page out of the book. Some people may feel it more convenient to solve them this way.

5) FINISHED?

Go to the bonus section: **MONSTER CHALLENGE** to find a free game offered at the end of this edition!

Want **more fun** and activities to **relax? It's Fast and Simple!** An entire Game Book Collection **just one click away!**

Find your next challenge at:

BestActivityBooks.com/MyNextWordSearch

Ready, Set... Go!

Did you know there are around 7,000 different languages in the world? Words are precious.

We love languages and have been working hard to make the highest quality books for you. Our ingredients?

One part easy-to-read print, three parts entertainment, then we add some challenging words and a pinch of rare ones. We brew them with care to serve you lots of fun and an opportunity to solve the best puzzles.

Your feedback is essential. You can be an active participant in the success of this book by leaving us a review. Tell us what you liked most in this edition!

Here is a short link which will take you to your Amazon orders review page.

BestBooksActivity.com/Review50

Thanks for your fidelity and enjoy the Game!

Delta Classics Team

Puzzle 1

ה	ע	ב	ש	ד	ה	ש	ף	ס	ש	ל	ד	ף	ת	ת
ו	צ	צ	נ	י	י	צ	ס	ג	ה	ה	ח	ם	ד	ו
נ	ש	ה	מ	ל	ק	נ	ו	ת	ר	ה	י	ט	י	ם
ז	י	ו	ר	כ	ת	ו	נ	ח	ב	ת	ב	ד	ה	ש
ה	ק	מ	י	י	ל	נ	ח	מ	ה	ן	מ	ו	א	א
י	ל	ב	ו	ב	י	י	ח	מ	ס	ן	ת	ל	ן	פ
מ	ת	ו	מ	א	ל	ם	פ	ו	י	ה	ו	ר	ב	ג
ה	פ	ק	מ	י	צ	ו	ר	ך	ר	י	א	ב	פ	ח
ח	כ	ב	ו	ל	ע	ָ	ת	ל	ק	ד	מ	ת	י	ל
ת	ה	ד	ת	ס	ל	י	ס	א	ו	ו	צ	ק	י	י
ת	מ	א	מ	מ	ע	ו	ם	ו	ל	ש	ת	ש	פ	ל
צ	ע	י	ר	ה	ו	כ	ה	מ	ז	ר	ת	ו	נ	י
ל	פ	מ	ה	ע	ו	ר	ס	י	ו	נ	נ	ר	ר	ת
מ	ד	י	ו	ג	מ	י	ה	ת	ף	מ	ס	ת	ר	ל

צלילת
אשם
יחד
הצהריים
צעירה
מדי
גחלילית
קריסה
רהיטים
בתקשורת

לאומית
לקנות
צורך
בתמורה
תשלום
נוסף
עלוב
שבעה
חנות
החוצה

Puzzle 2

י	ל	כ	ל	כ	ר	מ	ר	ג	ם	ה	ו	מ	ת	ך
ד	ת	ש	מ	ס	ה	כ	ו	א	ט	ן	ו	י	א	ר
ד	ת	מ	ר	נ	א	ס	ד	ר	ו	ו	י	א	י	ו
ה	ב	ב	א	ד	י	ם	ו	ע	ו	נ	ת	ה	ב	ש
ס	ה	ה	א	ר	ה	ר	ר	נ	י	ס	ס	ג	ה	ק
ד	י	ש	פ	י	ט	ו	ס	ר	ה	·	ר	ך	ל	י
י	ה	פ	ל	ש	ז	ב	ל	ו	צ	ר	ה	ו	י	ה
ר	ף	ת	ר	ן	ה	ש	ל	י	ח	פ	מ	ת	ן	ב
י	ר	ר	ן	ס	ר	ש	י	ן	פ	כ	י	ח	פ	ר
ע	ו	ח	צ	ס	ו	ז	ד	א	מ	מ	ט	ל	פ	ש
ש	ר	ב	נ	א	ש	ת	ד	ל	צ	ח	ה	ו	י	ו
פ	ה	ב	מ	י	ע	ו	ר	ב	ק	ה	ב	ח	ו	ר
ר	פ	ל	ן	פ	ה	י	ו	ת	א	פ	ל	ו	ן	ד
ע	ב	ק	ן	ה	ס	נ	מ	ת	ו	ג	ס	ו	ע	ר

כפל
הטרור
ליד
ראיון
קשור
סינר
להביא
הסדיר
טיפשי
שעה

סתיו
הראה
עונת
עורב
המיטה
שבור
כלכלי
לחתוך
אדם
מנסה

Puzzle 3

א	ב	ס	ו	ת	ל	ף	ו	ק	ל	צ	ה	ו	ת	א
י	ה	ט	ס	ב	א	ש	ד	ס	נ	נ	ת	ש	ש	ו
נ	ר	צ	ו	נ	ו	ת	מ	ו	ס	פ	ק	מ	ב	מ
ט	ל	ו	ז	ס	א	י	ע	ר	ת	ט	י	ו	ו	ד
ר	ד	ז	ע	מ	ח	ר	ת	ח	ד	י	י	א	י	מ
א	ן	ח	ה	פ	צ	ו	ח	ק	י	ם	ם	ר	ה	י
ק	א	ג	מ	ו	י	ך	ב	ל	ח	ב	פ	ש	ע	ע
צ	מ	א	ו	ק	ת	ג	ת	מ	י	ב	ת	ה	ג	ת
י	ב	ח	ח	ב	ד	כ	ע	ה	ו	ה	ר	ה	י	ע
ה	ן	ר	ד	מ	י	י	ו	צ	נ	ן	ב	מ	ה	ב
מ	ד	מ	ע	ה	ע	ו	ל	ה	ה	א	ר	ו	נ	ה
י	מ	ב	ו	ו	ה	ב	ח	י	נ	ה	פ	מ	נ	כ
מ	ל	א	ש	י	ר	ע	י	ב	ד	י	ל	ק	ש	ש
ל	ש	ק	ו	ל	ד	ש	ל	צ	ב	ב	ר	א	ט	ג

יגע
נפט
לשמר
סבא
עבה
פשע
קוף
יחידת
רצונות
נוראה

לזהות
צוחקים
עולה
לשקול
מדמיע
הבחינה
התקיים
אפקט
עמדו
אינטראקציה

Puzzle 4

ט	ו	ו	פ	ן	ד	י	ש	ר	ל	◌	ה	פ	ב	כ
ע	א	כ	נ	ח	ת	ש	ם	י	י	ק	ל	מ	ר	ת
ם	י	נ	כ	ש	ו	פ	י	פ	ר	ס	ס	ח	ש	א
א	י	ה	ג	מ	ת	ה	ד	א	ע	ד	ו	ג	ד	ו
ו	מ	נ	ה	ל	נ	ל	פ	ך	ר	א	נ	ו	ש	י
ב	מ	ו	א	י	ה	ש	ל	ו	מ	כ	ל	ר	מ	ח
י	ן	ת	ת	ת	מ	ה	ן	ס	ד	ו	ו	ה	י	ו
ס	ו	ש	ל	ָ	ת	ו	ו	כ	ר	ו	ב	י	צ	ל
ם	פ	ש	ט	ע	מ	ש	ף	ס	ע	ט	ל	ף	פ	ע
ט	ד	כ	צ	י	א	ב	ר	מ	ר	ג	מ	ד	ר	ח
פ	י	מ	ב	◌	ד	ה	ו	ר	נ	א	א	א	נ	ר
ה	ל	י	ך	י	ב	ת	פ	ו	מ	ת	נ	ב	י	ו
י	ח	מ	ב	א	ש	מ	ב	ה	י	ע	ב	י	י	ו
ס	מ	א	מ	ת	י	י	ש	ע	ת	ד	א	ל	ף	ד

לציבור
טעם
משאב
בעיה
תעשיית
אנושי
מעט
תאו
הליך
ומנהל

יבוא
לקיים
סכסוך
חשמלית
עטלף
נהמת
חגורה
במסדרון
לגנוב
ביחס

Puzzle 5

ל	ת	ם	ת	ה	ת	ו	ג	ע	ג	ו	א	ג	י	י
ה	ד	ר	ש	י	מ	ר	י	מ	ש	מ	מ	ה	ר	ו
פ	ו	ו	מ	ר	א	ש	ז	ו	מ	נ	י	ח	ח	א
ג	ו	ח	ה	צ	ש	ל	י	ה	ח	ן	י	ש	י	נ
י	א	ב	כ	ק	ו	ת	א	ט	ת	פ	ו	ט	ה	ו
ן	ו	ח	ו	י	נ	ש	ר	ל	ה	ת	ע	ו	ר	ר
ת	מ	ת	ר	ר	ו	נ	י	ח	מ	ל	מ	ל	ת	ב
מ	ו	צ	ש	י	ש	י	ת	ה	ו	ן	ם	ר	ע	י
י	ב	ע	ע	א	ו	ם	כ	מ	ד	ס	פ	ע	מ	ק
ו	ר	צ	י	ו	ת	צ	ל	ט	ו	ח	ח	ה	ק	נ
ו	י	מ	ה	ד	י	ה	א	ן	י	ר	ר	ת	מ	מ
ל	ף	ו	ד	ר	ל	ב	פ	מ	ר	ז	ת	ד	ד	ן
א	מ	כ	ה	ו	ו	ו	ח	ף	ר	א	א	ת	ה	י
ת	ק	י	נ	י	ם	א	א	ע	ל	צ	ו	ף	ל	פ

שישית
להפגין
אזרח
גמישה
החלטה
נושא
ירחי
דומה
תקינים
עצמו

חרד
לצוף
קצר
ראש
רזה
שמח
התעורר
רוחב
כבאי
לרדוף

Puzzle 6

ת	א	י	י	ו	י	כ	ע	ו	ש	ב	ו	ל	י	ש
כ	ת	ג	פ	ת	כ	י	ו	ו	ן	ס	נ	י	ח	מ
ג	ו	ק	ר	מ	מ	ר	ו	ב	ע	ן	ת	ש	מ	ל
א	נ	ח	י	ש	נ	א	ס	י	מ	א	מ	נ	נ	א
ש	ם	מ	י	ק	ט	ר	ו	פ	ס	ל	מ	ש	ש	ך
ל	ל	ה	ת	פ	ר	ץ	ע	ו	י	ג	ע	ר	ס	א
ה	י	פ	ד	י	ן	ש	א	כ	ד	ר	ד	ח	י	י
ס	י	מ	ר	ם	ב	ה	נ	ו	מ	ש	ב	ו	ה	ן
ס	ט	ת	ו	ח	ל	ו	י	ת	ה	מ	ל	ר	ו	ו
ל	ק	ת	ו	ה	ו	ר	פ	נ	ק	י	ו	ף	ת	נ
מ	ו	ת	ו	ת	כ	ס	ג	ק	פ	מ	ל	ן	פ	צ
ש	ק	ת	ו	ק	א	ד	ר	א	ה	ד	ה	פ	ה	א
ר	ק	ן	ק	פ	י	ע	ב	י	ש	ם	ר	ק	מ	ם
י	י	י	ה	ת	ל	ש	ו	ס	ו	ו	ר	ו	י	י

להסס
מלאך
מרובע
אפילו
חשמלי
לבד
משקפים
קרם
רגל
כיוון

להתפרץ
קוקטייל
שמונה
ספורט
צנון
חורף
התקפת
שווא
שילוב
בוהן

Puzzle 7

ה	מ	כ	נ	ו	צ	ל	ש	ו	ל	י	מ	נ	ה	ב
י	ת	ו	ת	ת	ב	ל	ה	ו	א	ק	ד	פ	ח	כ
א	ו	נ	ם	ט	ע	כ	ש	ר	ה	ב	ו	ו	ו	ד
ח	ר	ב	ו	ח	י	ב	ק	ו	ח	ם	י	ר	ל	ס
פ	מ	מ	ר	ע	ם	ע	ב	י	ם	י	ק	ד	ה	ד
ל	מ	ת	א	ל	ה	ם	ב	צ	ה	ט	ב	י	ב	ס
מ	ב	ר	ד	א	ט	ו	ז	א	ה	מ	נ	ש	ו	נ
י	א	מ	ו	א	ה	ב	ע	ב	ע	ק	ו	ו	ו	מ
ה	ו	ח	ח	ל	א	ר	י	ו	י	ת	פ	ו	ו	ר
נ	ת	י	ל	ס	ך	א	ק	ע	ת	ע	ו	ל	א	מ
כ	ח	ת	ת	י	ר	ח	ב	מ	ו	ם	ז	י	ו	ס
ל	ב	ב	י	ק	ב	ו	ב	ו	נ	צ	ו	ל	ע	מ
ב	י	ל	ת	ה	א	י	ת	ק	ו	ד	פ	ל	פ	י
ט	מ	פ	ר	ט	ו	ר	ה	ה	ת	נ	ל	ן	ת	ו

בחר
בכלל
ברך
בילתה
העיתונות
טמפרטורה
דקים
עזב
סלרי
עמוקה

ציור
צבעים
חסרות
מדויק
בבקשה
להרחיב
החולה
קמטים
התנועה
אהב

Puzzle 8

פ	ע	ו	ז	ד	י	ר	פ	כ	ר	ג	ע	ל	ר	י
ב	ס	ק	א	ב	ע	צ	מ	ו	ת	מ	ה	מ	כ	ת
ד	ק	צ	ל	מ	ת	י	א	כ	נ	נ	ע	ל	י	נ
י	ת	ר	ן	ר	ש	ר	פ	ב	י	ו	י	י	ש	מ
י	ו	ה	מ	ד	ו	י	ה	ק	ז	ו	ס	ב	ה	ן
צ	נ	י	א	ג	ח	ח	ל	א	נ	י	נ	מ	ד	ה
א	ת	ב	נ	ח	ת	ח	מ	צ	ת	כ	ז	נ	נ	ב
ל	מ	א	ן	ט	פ	ד	ד	מ	ו	ט	ל	כ	ר	ג
ו	ו	פ	מ	ב	מ	ן	ו	ד	ן	ו	ט	ע	י	ו
ת	ל	ת	א	ב	ר	ו	ו	ח	ו	מ	ת	ש	נ	י
ב	ש	ת	י	ל	א	ס	ה	י	ד	ר	ע	כ	ד	ו
ל	ו	ג	נ	ר	ת	ת	ל	י	ת	כ	ש	כ	י	א
ש	מ	ש	מ	ה	ד	י	ב	כ	ה	ף	ו	ס	ח	ש
י	מ	ו	י	ב	ב	ר	ע	ל	ח	י	ת	ה	מ	נ

כוכב
תרמית
כרגע
תרנגול
לערבב
עסקת
תחושת
בעצמו
אמן
גדר

הכביד
מתנות
קצרה
נסיעה
רכישה
מוח
סוף
צמח
להניק
המשמש

Puzzle 9

ב	פ	ת	ק	ל	י	ו	ל	י	ו	ג	ו	ו	ו	ג
ע	ר	ר	ו	מ	ל	ה	י	ס	א	ד	פ	א	מ	ח
ה	י	נ	ס	מ	מ	ב	ו	א	ה	ה	י	ב	י	כ
ק	ב	ש	מ	י	ק	ס	ח	א	ד	י	נ	ג	ה	י
ס	י	ת	ס	ל	מ	ר	ר	ך	ע	ב	ו	מ	צ	ל
נ	י	ן	ו	ב	ש	ח	מ	ו	ו	ו	ר	ר	י	נ
מ	א	ר	ו	ס	א	ל	ץ	ר	נ	י	ט	מ	נ	כ
מ	ת	א	ע	י	ג	ח	ג	ע	ש	ח	ק	י	ו	ב
ו	מ	ה	ע	י	נ	ב	פ	ל	ר	ו	ל	ח	י	ו
א	צ	ב	ו	ו	ה	פ	י	א	ש	ה	א	ל	ו	ס
ה	ז	ק	ק	ב	ר	ו	מ	ש	ל	צ	ת	ז	ש	ג
פ	ר	ב	י	ב	ח	ת	כ	מ	ש	י	א	כ	ד	ת
ו	ם	ת	ח	ו	ת	י	ק	נ	ע	פ	ן	ת	ה	ת
ח	כ	ת	ו	מ	ה	י	ז	ו	ר	א	ג	ה	ל	ג

כמשי
פיצה
חיובי
לערוך
לשמור
תחביב
ועדה
ענקית
אחר
מסוק

ייעוץ
זרם
לאסור
משב
השאיפה
סקי
כתיבה
מחשבון
זכתה
אלקטרוני

Puzzle 10

י	ב	נ	ד	י	ע	ך	מ	ח	צ	ק	ו	ה	פ	מ
ע	ל	ר	ס	ח	ן	ל	ס	מ	ל	ע	ָ	ו	מ	ו
ה	י	י	ק	ד	ר	נ	ח	ר	מ	ה	ת	ה	א	ל
ת	ד	ר	נ	ה	ע	י	ן	ט	ש	ח	ו	ר	מ	ר
ן	ק	ו	י	ד	ם	ר	צ	ל	ן	ט	ל	כ	צ	ו
ח	ט	י	ב	ה	ר	א	ל	ו	נ	ב	ג	ת	ת	פ
ו	מ	ר	צ	מ	מ	ת	א	י	מ	ה	ל	ף	א	פ
ו	ו	ט	פ	ס	ן	ן	י	ב	נ	ח	ו	ר	ו	ת
נ	ו	ל	ר	ו	ק	ן	ף	ה	ת	ת	נ	נ	מ	נ
מ	ו	ע	ד	ג	ר	י	ע	ז	א	ד	ת	ו	א	ב
ע	ב	צ	ע	ל	פ	כ	ה	ל	ע	ב	ו	ר	פ	ל
י	ת	מ	י	ק	ב	י	ל	ח	ו	ת	י	ו	מ	ק
ל	ב	ד	י	ח	נ	מ	י	ָ	כ	ה	א	י	ב	ל
ס	ו	ה	מ	ה	ג	י	ו	א	ג	י	ם	ל	ו	ד

שחור
בין
לגלות
חטיבה
מול
עלה
הבטחה
צבע
זעיר
לרוקן

היקפי
רופפת
פותחן
מאמצת
דיוקן
מתאימה
צמחים
צפרדע
המסוגל
מועד

Puzzle 11

ת	מ	ו	פ	א	ת	י	כ	א	ו	ו	ם	ו	ת	ו
ע	ע	פ	י	י	ת	י	ל	י	ה	פ	ב	ו	פ	י
ד	ד	מ	ש	ר	י	פ	ג	ר	ס	ה	א	ד	ו	ם
ו	מ	ט	י	ת	ד	ס	ה	י	ח	ט	ה	ק	ק	ר
ה	ו	ו	ל	ת	ל	נ	ר	ל	נ	מ	ר	מ	ת	מ
ת	ו	ל	ו	ע	ג	ת	ט	ה	י	ת	ו	ט	ב	ג
ו	ל	ה	י	ש	א	ר	ת	ש	י	ה	צ	ו	פ	ל
ש	ם	כ	מ	ח	ת	י	ש	ג	ר	ה	ב	ב	ג	ד
ב	ם	י	ר	י	ה	ב	מ	ה	ח	ו	ו	ר	נ	ח
פ	ר	י	נ	ה	י	ו	ל	נ	ע	ל	י	י	ם	ו
ח	ד	כ	ל	ב	ו	ל	צ	ע	ו	ק	י	כ	י	ת
ו	י	נ	ו	ו	ר	א	ו	פ	מ	ו	ע	ו	י	ת
ת	ו	מ	ג	ג	ע	ד	נ	פ	ס	ו	ג	נ	ת	ר
ו	נ	א	מ	א	ו	ל	ק	כ	ו	ד	ן	ו	ם	ו

התושב
המבהירים
מטה
בהחלט
הרגשית
יוקרתי
בצורה
רווח
להישאר
אדום

ולצעוק
הודעת
פחות
תקופת
נעליים
פסנתר
גרסה
מפואר
לנפול
לדחות

Puzzle 12

מ מ ש ו י ב ָ ס ר נ א נ ה ה מ
נ ב ה מ ע ר ב י ק ו ר י ק ו מ
ל ט ס ת ן מ ח ת פ א ת ט ס פ ר
מ י ה ו כ י ל ו ה מ נ ו ב ב י
כ ח צ ח ד ע צ ו נ מ ו ה ש י מ
ו י ל ך ו ש מ ל י ה מ א ר מ ע
ר ם ב ב מ ר כ ר ש י ת א ד י א
ו ת ש ר ר ה ב ח ו ר ו ו ע ה ה
א ב י א צ ה ב ב א נ א ג ד ס ָ
ו ש ה ד ו ת י ק י ה ל ע ו פ ה
ע י ת ו ן י י · ם י מ מ ר ו ו
ח ח פ א פ ת י ש ו פ י ח ו ט ל
ס ר פ ו ר ה ב ב נ ב ו א ח ע ל
ס ת א י מ ה ד ט ע ר ו ה ע ד ר

ורוד
נראה
טופס
תרחיש
מבטיחים
פרס
צלב
נישואים
עיתון
חיפושית

מישהו
הבחור
תמונת
למשוך
מרצון
ביקור
הפועל
בשבוע
מהיר
למכור

Puzzle 13

ל פ ת מ פ ר פ ר ד מ כ י ת ט ל
ב ז מ ב ם ה פ ד א ו ב ת ח י י
ו נ ב ט ג ו י ס ל נ ו ו ט י מ
ב ק ת ס א י ל ב נ ת פ ש ה י ו
א ג י ת ב ז נ ש ר ר ו י ר ש ק
י ה ש ם ח י ו ו ג ד ו ל י ו ו
נ ד ל ר ה ט ו ו ה ו א ח כ מ ד
מ ה מ ו ה כ ה ד ח ד ב י ז ר ו
י ז א ע ב ו ר מ מ א ק כ מ י ש
מ נ ע ב ה ו י ת י ת ב י א י ש
ס ה מ י א ר ש ן ק ו ו ה מ ב י
ו ש ו י י ת ח מ ש ל ק ט ב ח ג
כ ד ל ת ו ע ב ל ו כ י י ר ר ה
ן ם ה י ת ו י פ י צ ת מ ר י ל

אגם
רפואת
חדה
בסדר
כול
מבט
לשמחתי
להגיש
קשר
מסוכן

שבבית
אדמת
ציפיותיהם
יתושי
עבור
לנווט
מזכירה
פרפר
בקבוקי
שירה

Puzzle 14

ב	ג	ס	ר	מ	ט	א	ח	נ	ה	א	ח	ס	ע	מ
ו	ב	נ	ר	ש	פ	ה	ר	ה	ר	י	ה	ז	מ	ה
ח	מ	כ	מ	ה	ו	ן	ב	ה	ת	ה	ר	ו	ח	א
ו	י	י	ר	מ	ו	מ	מ	ל	א	ה	ש	ו	ע	ל
ב	ב	ה	ן	ב	ל	מ	ה	ה	ל	ל	ס	ר	ק	ש
ו	ז	ל	פ	ו	ל	מ	ג	ש	ה	ב	ד	ע	נ	ו
ע	ה	ו	כ	ל	י	ת	ש	כ	מ	ת	ר	י	ח	ב
נ	י	ת	ת	ה	ס	כ	ו	ר	צ	ט	ו	ק	ל	י
ש	ר	ר	נ	ר	פ	מ	מ	ת	י	ן	ו	פ	פ	ל
ה	ו	י	מ	ש	ן	ו	ה	מ	א	ת	ע	י	י	ע
ר	ת	מ	י	ו	מ	נ	ה	צ	ל	ח	ת	ו	ע	ש
י	פ	א	ת	ת	כ	ר	י	ה	ג	ת	ב	ו	ד	ו
ו	ו	ס	ם	ת	ל	ו	ת	ש	מ	ה	ו	ל	פ	ק
א	י	ו	מ	ג	מ	ו	נ	ו	י	ל	ר	ב	ו	ו

שעות
בחירת
חרב
להמציא
מרכיב
המזהירה
בזהירות
להשכרת
שקר
הגשומה

להיכנס
להרשות
מלוכת
אמירת
הצלחת
ילקוט
להתחתן
אחורה
ממהר
אתר

Puzzle 15

א	ש	ר	מ	ר	מ	ו	ב	י	ו	צ	ת	א	ל	ל
ו	ן	י	ם	י	י	ק	ח	ת	ע	כ	ב	י	ש	ר
מ	ח	מ	ו	ת	מ	ת	ו	ב	מ	ב	פ	ח	י	ו
מ	ר	ע	ת	מ	ה	י	ץ	ר	מ	כ	ו	נ	ו	ו
פ	ת	ר	ו	ן	ק	ת	ס	ע	ו	ת	ו	א	צ	ה
כ	ו	ב	כ	י	ל	ו	ב	ל	צ	ת	ו	י	ה	ל
ע	א	ה	נ	כ	ג	ד	י	ו	ע	ל	י	פ	כ	כ
ו	ר	ק	ב	ג	צ	י	ב	נ	ר	ו	ד	י	ג	ל
ת	נ	ו	ת	ח	ט	ד	ת	י	ו	ה	ת	ו	ק	ד
ל	ש	ו	י	נ	א	י	י	ח	מ	ל	ר	ס	כ	ת
ב	י	ו	ד	ד	ב	ר	ת	ו	מ	ב	ו	ו	פ	נ
ר	ו	ר	מ	ל	י	ך	ד	ש	מ	א	כ	ד	ל	ה
ד	ט	ה	ל	ש	מ	מ	ת	א	ן	ר	י	ת	ת	י
ס	ה	כ	ל	ו	מ	ה	ר	ט	מ	פ	ר	כ	ל	נ

ערבת
בחוץ
קיים
דקות
סביבתית
פתרון
ממשלה
להיות
פרא
לכבוש

ממוצע
נקניקיות
מערבה
ידידותית
עכביש
ניחוש
מטרה
לשחות
לגידור
לדכא

Puzzle 16

ו	ב	ג	ר	א	ל	ח	ה	ר	ד	ב	י	פ	ח	נ
ר	ש	י	ג	י	ק	מ	ש	ד	ו	ד	ו	ק	נ	ו
ב	פ	ו	ר	ש	צ	כ	ר	פ	ל	י	ב	י	ת	נ
ט	ל	כ	ו	ת	א	י	ש	י	ה	ו	ל	ס	א	פ
ש	ב	ע	ע	ר	פ	פ	ח	מ	ג	נ	ט	פ	נ	ל
ת	י	פ	ס	ו	ה	ו	ה	ו	ב	י	י	נ	ד	ש
ח	מ	ח	י	ב	ט	י	ה	ז	ת	ת	ב	י	ר	י
ד	ח	ס	ב	ד	י	ה	ו	י	ו	ט	ד	ן	ע	ר
ק	ל	ת	ר	ב	ד	מ	ח	א	י	ף	ר	ו	ט	מ
י	נ	ו	ג	ל	י	פ	ה	ו	ר	א	א	ש	נ	ר
ה	מ	ש	ט	ר	ה	ר	ס	ן	ח	ב	י	ח	א	ו
ש	ב	ל	י	ל	ד	ר	ו	מ	א	ת	ת	ו	ן	צ
י	ח	פ	י	פ	ש	ש	ת	ו	ל	ה	ה	ו	ח	י
י	נ	י	צ	ר	◌	ט	מ	ש	ו	ר	ת	ת	מ	ם

מדברת
קדחת
שמור
לילד
המשטרה
מוזיאון
נתיב
מטורף
בדיונית
היטב

רכבת
רוצים
אחריות
להפחית
גרבי
חוות
יסעור
פסיק
יריב
שומן

Puzzle 17

ב	ר	ר	ג	ו	ת	ה	י	פ	נ	פ	נ	י	ח	מ
ש	ה	ו	ס	י	ח	ס	ו	ש	ב	י	א	ו	ו	י
א	מ	י	ו	ס	א	ו	ב	ל	ו	ס	י	י	ת	מ
י	ן	ו	ד	ע	ו	מ	א	ס	י	כ	ל	ה	י	ש
ש	ה	ע	ר	פ	ו	פ	ו	ל	ר	י	ו	ו	א	ל
מ	ב	פ	ו	ת	א	ע	ת	ו	פ	ו	י	ד	י	ו
ש	ר	י	ר	ו	י	פ	י	ס	ד	ל	י	כ	א	ם
מ	ו	פ	ב	ה	ו	מ	ה	מ	א	ה	נ	ח	ת	ד
ז	ו	ו	ה	ח	ו	ו	ת	ה	נ	ו	ר	ח	א	ל
ח	ז	ן	ה	ר	י	י	ל	א	ו	ט	ר	י	ו	ו
ל	ו	ג	כ	ל	ק	ו	ך	ו	א	כ	ו	ף	ה	נ
ת	ן	ב	ו	ו	ו	ס	ה	ו	ב	ח	ר	מ	ש	ס
מ	ו	א	ס	ה	ב	י	ל	נ	מ	פ	כ	נ	ר	ר
י	מ	ו	פ	ו	י	ת	ל	ר	מ	ו	ו	י	ת	ן

לאחרונה
מסולסל
ווירטואלי
פופולרי
תחנה
מזחלת
רבה
שמש
גומי
המאה

כיסא
אכיל
מורכב
תפוחה
מועדון
שלום
הברווזון
עפיפון
קיווי
אוכלוסיית

Puzzle 18

ל	ו	ס	ר	ו	א	פ	כ	ם	ה	מ	ל	א	י	ב
ע	א	ה	ס	ד	מ	ר	ו	פ	א	ק	ת	ן	ן	ו
ו	ח	ר	כ	פ	ר	ו	ק	ב	ח	א	כ	ם	ע	א
ח	ת	ח	ג	ת	ר	י	ד	ל	פ	י	י	ק	ר	מ
ו	י	ר	ו	ן	ק	י	ב	ס	ב	ט	ו	ר	פ	ע
כ	מ	ל	ח	ר	ר	ו	י	נ	ב	ב	פ	י	ד	ע
ת	ו	ל	ל	ק	ו	ג	מ	ה	א	מ	ה	י	ו	ן
ת	ך	ב	ת	ו	ז	ע	ו	נ	ה	כ	י	ר	מ	נ
ל	ל	ו	ל	ח	ד	ר	ו	מ	ה	מ	ל	ת	ל	ר
ן	ה	א	ו	ש	י	נ	א	פ	א	א	ג	ע	ל	ע
ל	ה	ג	ה	י	ו	ת	ל	ב	ו	א	ב	ו	ו	א
ת	ו	ת	ן	ה	ו	ר	ה	ו	ח	ו	ג	צ	ר	נ
כ	ת	ר	ש	ל	י	ל	י	ן	י	י	י	ר	ב	פ
ם	ש	י	י	ע	י	ך	י	כ	ו	י	י	ו	מ	ל

רצועת
ספרייה
כתר
מרק
הורה
הנועזות
קרן
תות
רופא
קריירת

ללמוד
שלילי
לארגן
לבוא
שחוק
בדקו
להגן
ערפד
דרומה
אמר

Puzzle 19

ע	נ	ו	ג	כ	ן	ק	ן	נ	ו	ב	ת	ה	ל	כ
נ	ו	ג	מ	ל	ח	ד	ח	ו	ם	ט	י	ו	ה	ל
ס	י	נ	ר	ת	ר	ת	ו	ח	י	ק	ר	ו	ו	ו
מ	ר	ב	ו	א	ש	י	ב	ו	ח	ו	ד	ס	ל	ב
ח	ו	ד	ן	ת	פ	ו	ת	ת	ל	מ	ח	ל	מ	נ
ב	י	צ	ו	ע	י	ם	מ	ל	ק	ל	ה	ד	ג	פ
ש	ו	ר	מ	ו	ר	ב	ל	ת	כ	ע	ה	ב	ל	ה
ת	ג	ש	ל	ת	ת	כ	ל	ד	י	נ	צ	ר	ם	ו
א	ס	פ	ק	ת	פ	א	ם	י	נ	ו	ו	י	כ	נ
ו	ת	א	י	ו	מ	א	ר	מ	ה	א	ק	ס	מ	ו
ס	ה	ל	ו	ה	נ	ו	כ	ח	י	ש	י	ן	ח	נ
ל	ה	ו	י	ב	ח	א	ה	כ	ן	ב	י	ד	נ	ג
ע	י	ק	ר	י	ת	פ	י	ת	ד	ד	ת	ה	פ	ש
ה	ל	ר	ש	י	ן	ר	ז	ו	ט	צ	ש	ל	ח	ר

להתבונן
שתייקו
כלוב
תשומת
נעלמו
כיוונים
צעקת
נוחות
נואש
לדבר

ביצועים
גמל
חדר
לאפשר
יקר
הנוכחי
נפח
סרט
אספקת
עיקרית

Puzzle 20

ט	ש	ע	ש	ב	ע	נ	מ	י	ה	ל	ע	ר	ן	י
צ	ה	ל	נ	מ	ן	ו	ז	צ	כ	מ	צ	ב	ו	י
ה	מ	ו	ב	ת	ו	ו	י	מ	ש	ר	מ	א	ל	ע
ו	ש	פ	מ	ס	ק	ע	ן	מ	ו	ב	י	נ	פ	ש
ב	ו	ת	ר	ן	ר	י	מ	מ	פ	ל	צ	ת	ט	ב
מ	ת	י	נ	ב	ד	ב	ו	ד	ד	ח	ף	ח	ר	ט
י	ף	צ	ו	ו	ת	ח	ו	ס	ב	ח	פ	ב	ל	ן
ף	ו	ת	ד	י	ת	ד	י	ק	נ	ח	ב	ש	ו	ו
ת	מ	ע	ג	י	פ	מ	ו	ל	ו	ע	כ	י	ג	ה
י	ש	ל	ו	א	ו	ב	ג	ח	ת	ו	י	פ	ר	י
נ	ש	ו	ו	ב	י	ו	ם		ל	פ	נ	ו	ם	ו
ר	ר	מ	ן	י	ף	ש	ו	ם	י	א	ק	ע	ה	ו
א	נ	ו	ר	ו	ת	פ	ד	ו	ג	מ	נ	ב	ל	ב
ר	נ	ת	ד	א	ת	ר	ר	ר	ד	ו	ן	ד	ת	כ

צהוב
צוות
דובדבני
מועמד
רשמי
דרקון
שבטן
מזין
עצמי
מפלצת

בשיפוע
המשותף
דוח
דחף
היו
בנות
לפטר
תעלומות
להימנע
שלב

Puzzle 21

מ	מ	א	ג	ו	ח	ת	ל	מ	ו	ה	ו	ע	פ	נ
ש	מ	ח	ח	ש	ה	ל	י	נ	ו	ש	ו	פ	י	פ
י	ן	א	א	ר	ע	ן	ו	ר	ד	ד	ו	ל	נ	ר
א	פ	ו	ח	ן	י	י	מ	ד	ל	ו	ת	ה	כ	ד
ת	ע	ש	ר	נ	ה	ם	י	ד	ל	י	ש	ב	י	ו
ח	מ	ש	א	ו	ר	י	ש	ט	ו	כ	כ	י	ש	ת
ו	ר	ג	י	כ	ב	ט	ו	ח	ה	א	ר	א	ה	ו
ו	ד	י	ם	ר	ב	ו	ו	ס	ת	י	מ	ה	ו	ח
מ	ש	ת	ו	א	ת	ו	י	ע	ב	ו	ד	ח	נ	פ
ן	ם	מ	ה	י	א	כ	ט	ו	ד	י	ד	ר	ה	ש
י	ל	ו	ה	ד	ש	פ	ר	ר	ו	י	פ	ה	פ	מ
פ	ס	מ	ק	נ	מ	ש	נ	א	ה	ק	ל	ח	ס	ת
נ	ת	ן	·	ר	ת	ל	ה	ב	ש	י	ל	א	ק	ר
ז	פ	י	א	ס	ו	נ	ב	מ	י	ת	א	ן	ל	ד

שנאה
שפכו
חמש
ילדים
לדמיין
נתן
הביאה
פסק
שכר
רטוב

כונן
בטוחה
אחראי
אחרים
חלקה
להבשיל
מאוד
משפחות
נפרדות
אשמתו

Puzzle 22

י	ו	ע	י	ג	ע	ו	מ	ר	מ	ל	י	מ	א	ס
ל	ב	צ	ע	ט	י	ת	ג	ו	ל	ג	ל	ל	כ	א
נ	ן	מ	ח	י	ס	ה	ל	כ	כ	ה	א	ן	פ	ר
י	ת	א	ם	ס	י	ו	ט	כ	ו	נ	מ	ר	ר	ו
ר	ל	י	כ	א	ו	י	ל	ו	ב	ג	ו	ב	ד	ן
ר	ב	ת	ח	ג	ש	ח	ו	ס	מ	ט	ה	ש	ל	ו
א	ס	ם	י	נ	ש	י	י	ב	ו	ר	ן	מ	ב	ב
נ	ח	ה	ת	ר	ס	ק	ו	ת	נ	ט	י	ר	ר	ה
ב	ה	ע	ב	נ	ב	ד	י	ר	א	ה	ק	מ	ל	כ
ט	ר	ו	י	ה	ג	י	ע	ת	מ	ו	ת	ב	מ	א
ו	ע	ח	ס	ו	ב	י	מ	ו	ן	ק	א	י	ר	ד
ח	מ	ה	ף	ו	ר	ש	ל	כ	צ	י	ו	ז	ג	פ
ע	ה	ת	נ	ל	מ	ו	ה	א	ג	פ	ד	ש	י	י
ת	י	ת	ה	ת	ב	ל	י	ב	ר	נ	ו	ל	מ	י

ביישנים
משבר
ברמת
נהג
סיבת
פגז
הוקי
גבול
להסיח
התרסקות

עצמאית
לשרוף
נאמן
ארון
פרוטות
כותרת
לבצע
בטוח
לגלוג
הלב

Puzzle 23

ת	ג	ה	ה	ק	ע	פ	פ	ה	ז	י	ל	ע	ב	ס
י	כ	צ	ל	מ	י	ת	ח	ה	ג	ע	י	ן	ד	י
א	מ	צ	ר	ו	ע	ו	ך	ע	ח	ו	נ	צ	ן	ה
א	ו	ו	י	ר	מ	א	ז	ק	ע	ר	א	ָ	ו	נ
ו	ר	ל	ע	ל	ו	ו	ק	נ	ו	ה	ב	ל	כ	ר
ה	ס	ט	ו	ד	נ	ט	פ	ר	ש	ר	פ	מ	נ	ן
ה	ח	י	ב	ה	כ	ע	ג	מ	ל	ו	א	מ	ל	ד
ת	ו	א	ר	פ	ף	מ	מ	כ	ל	ח	י	ת	י	מ
ח	ת	ל	י	ש	ו	ח	ל	ח	ז	ל	ש	ו	א	נ
ד	ו	ע	י	ב	ש	ב	י	ו	ר	ק	ש	ח	ן	ל
ר	ו	פ	ס	ש	י	ח	ת	ל	ו	ה	ו	ר	א	י
ו	ק	ש	ש	א	י	ש	ב	ם	ם	ל	ה	ק	ה	י
ח	י	ת	א	ת	נ	ה	מ	ו	ח	ה	ק	ו	ו	ו
ח	כ	ב	ע	ו	ל	ם	ב	ש	י	י	צ	ת	ב	נ

חלק
מתוח
בעולם
אוויר
מאז
מגע
בשפה
תואר
הסטודנט
שפע

החיבה
לנכון
שיחת
לזרום
עליזה
נשוי
ייצור
הלם
חופשת
מכחול

Puzzle 24

ח	ס	ת	ג	מ	ח	מ	צ	א	ג	מ	מ	י	ח	ד
פ	פ	י	ו	ס	פ	א	ש	מ	ש	ה	ע	ש	ל	י
ק	ו	י	מ	ג	ל	ר	י	צ	ש	פ	ל	ו	ש	ו
ר	ק	פ	ה	ו	כ	ר	א	ל	ב	ו	ב	ו	י	נ
ו	ת	ת	י	כ	ב	ר	ח	ל	ש	כ	י	ה	מ	ו
ב	פ	ל	ה	א	ת	ד	ב	צ	ל	ג	ק	י	ו	ן
ש	י	ש	ל	כ	צ	ו	ה	א	י	ג	נ	ת	ש	ו
ב	ו	נ	נ	ו	ם	ו	א	ת	ה	ן	ר	ש	מ	א
ה	ת	ה	נ	ב	כ	ס	מ	ה	י	ר	ו	ת	ב	ו
ה	ס	מ	ב	נ	ם	ה	י	ב	כ	ל	ם	ו	י	י
ש	מ	מ	ת	ע	ק	ש	ה	ב	ה	ק	ב	ח	מ	י
ה	מ	ס	פ	ר	ת	י	ת	ו	ע	מ	ש	מ	ך	ו
ר	נ	י	ס	מ	ו	נ	מ	מ	ם	נ	נ	מ	ג	ה
ב	א	ו	ם	מ	ו	מ	צ	מ	י	א	נ	ה	י	ש

בכיתת
הסוודר
קרוב
ממש
דיונון
לשנה
פתק
רכב
שלי
השקעת

מהירות
המספרת
השמש
חבקה
משמעותית
לשימוש
חלשה
מנומס
אסם
אפס

Puzzle 25

ל ו ק ה ו ט ע ו ת ת ש ג ה ל ס
מ ו ט י ב צ י ה ו ג ו צ ק ל ק
ת ט ת ח י ל ת ו י ע א ת ו י ל
י ו ד ס ו ק מ א נ ע צ י ר ט ה
א ע ס ה ד א ה מ ב צ ע ת ז ם ב
ג נ ף מ י ט ח י ג י מ ח ו נ ר
ו ת ו ע ל ש א נ ע ד נ י מ ד מ
ז ת ב ל ת א ת ד ז ח ר ל ה ת י
ס נ ל ת ם י ס ג ג ו ד ש ש צ י
ר ת ל ט ו נ ד פ מ ר ב מ ק א כ
ה ו ה כ ו מ ו ח פ מ ן ר מ א ב
א כ ר ם נ ָ ב ל ל ה ץ צ ו פ ל
ת ו כ ח ל ת מ מ ה ם ל ש ו מ ו
ב כ ב ר ת ד י ו ו כ ר ה ו ק ו

לפוצץ
גזע
חסה
מוטיבציה
שגיאה
מאי
מושלם
טעות
הטרי
אגוז

עגבניות
התקדמות
תחילת
גסים
שליחת
המוזר
לחכות
המבצעת
כותנת
טוענת

Puzzle 26

מ	נ	ו	ו	ל	ל	ה	ת	ח	ד	ש	כ	י	א	ה
ח	ת	ר	נ	ש	מ	ל	ו	י	ף	נ		מ	ד	ת
ו	צ	ח	ב	א	ש	ב	ס	ן	ג	ת	ק	א	מ	ה
ל	ל	א	ת	ל	ל	ה	ד	ב	א	ו	ת	ו	ת	ב
ל	ו	ן	ב	ת	ו	ע	נ	ג	ר	מ	ה	פ	ר	ש
ל	ח	ת	נ	י	פ	ב	ל	ה	מ	פ	ר	ן	ל	י
ק	צ	ה	ל	ע	ק	ו	ר	ו	י	ת	א	ו	י	ת
ג	ל	ו	ד	ו	ל	ו	ו	ע	נ	ח	ש	ב	ל	כ
א	י	ע	מ	ד	ו	מ	ה	א	ק	ל	י	ם	מ	א
כ	י	ס	ו	י	א	ב	ר	ד	ג	א	ו	ו	י	ע
ז	ו	ו	א	מ	י	ת	ז	צ	א	ן	ת	ת	פ	ב
י	ר	נ	ם	ל	ה	ש	ע	ב	ו	ק	ו	ח	ב	ו
ו	ר	י	א	ת	מ	ח	ה	ו	ו	מ	ע	ו	י	ד
ב	י	ן	א	ו	ו	ר	ל	ג	מ	ש	ה	ר	ת	ה

אווז
גלול
ראשיות
מדומה
לשאלת
העזרה
לעקור
מחול
עבודה
מפתח

למשל
חלל
שרפה
בפינת
כמו
כיסוי
תלמיד
האקלים
חולצת
אבדה

Puzzle 27

ן	ה	מ	ו	צ	ר	ה	מ	ב	י	פ	י	ח	ת	י
מ	ה	ו	מ	י	ר	י	ד	ת	ח	ש	מ	ו	ד	ת
ע	ד	ו	ר	מ	ו	ס	ר	י	ת	מ	ד	מ	ו	ת
פ	פ	ה	א	מ	א	ל	ע	ש	ו	ק	ל	ו	ש	ע
ט	צ	ת	י	ב	ו	ר	כ	ו	ח	מ	ה	ד	ע	ו
ר	ו	ד	ב	ת	ד	פ	ח	מ	ר	ה	מ	ר	נ	ם
ו	ד	ה	ל	א	ן	ע	נ	י	י	ה	נ	ו	א	א
ז	י	א	ש	ו	ו	ה	ג	ש	ל	י	א	ט	ה	ד
י	י	ח	נ	ב	ג	ר	ה	ו	מ	א	ו	צ	מ	צ
ל	ד	ן	י	ח	מ	ל	ה	כ	ג	ר	מ	ו	י	ו
י	ם	י	מ	ר	ו	ג	ב	ו	ה	ד	ת	ר	פ	פ
ה	י	כ	ו	ב	א	ל	ו	ג	ד	ו	ב	ד	ו	ה
ט	י	ה	ס	ש	ק	ע	ש	ו	ר	י	פ	ה	ל	י
ר	ח	ל	ל	ת	ק	ן	ת	ו	ת	ן	י	ז	נ	ב

מנהג
שימושית
גורמים
קקאו
מהר
מחק
לתקן
רחב
פטרוזיליה
להכין

צופה
ירידת
כרובית
תשובה
לסבול
מוסרית
בנזין
חמלה
מוצר
שווה

Puzzle 28

ר	ח	כ	א	מ	מ	מ	ג	מ	י	ק	ד	ו	ד	ו
י	י	ף	צ	ר	ג	ל	ב	ל	ב	ל	ב	ע	ל	ג
י	ב	פ	ו	ב	כ	ו	מ	ג	ז	כ	ר	ל	ח	י
כ	ש	ח	י	י	א	כ	י	ר	נ	כ	ו	ו	ה	מ
מ	מ	ן	ד	ם	כ	ל	כ	ת	ב	א	ב	י	ב	מ
א	נ	ו	י	פ	א	כ	ס	ל	ל	ש	מ	ו	ע	ו
ה	ח	ו	ד	ק	ע	ת	מ	ל	ר	ד	נ	ו	ל	ו
ל	ש	ו	ה	נ	כ	ש	ר	ס	ה	ו	ן	ת	י	ו
י	י	ח	ו	פ	ת	א	ה	ש	פ	ל	א	ה	ן	כ
צ	כ	פ	ן	ר	מ	ע	ש	ה	ר	ב	א	ם	ו	ס
י	נ	י	נ	ח	ו	מ	ן	א	ו	ש	ב	י	מ	ף
ב	א	ו	ם	י	י	מ	ו	ק	מ	ב	ת	ש	ש	נ
ה	נ	ת	מ	ר	מ	מ	ע	ן	ל	מ	ה	נ	ל	י
ת	ת	מ	ו	ב	ה	ר	ש	ש	ו	י	מ	א	י	ל

מלוכלכת
מעשה
שעון
מרבים
זכר
מתנה
יציבה
פלא
רצף
באביב

מקומיים
לבלבל
אישי
תפוחי
אנשים
פרחי
לשמוע
קבלה
שרשרת
לתרגל

Puzzle 29

א	צ	ך	ק	א	ף	ו	ח	ל	ס	מ	ד	י	מ	ת
ט	מ	ח	ד	ד	ה	ר	ן	ם	ל	י	ש	א	ר	ת
ר	י	א	מ	י	מ	מ	ב	ת	י	מ	ל	י	נ	ר
צ	ח	מ	ו	ר	ש	ס	ח	ו	ג	י	ד	ו	ק	ת
פ	ת	ש	ן	ה	ק	ה	י	ש	ת	ת	ב	ה	א	ה
ן	י	נ	מ	ד	ל	ס	ט	ר	ב	ל	י	פ	ה	מ
ה	י	ה	ו	פ	ה	ו	ב	ה	י	ג	ש	מ	נ	כ
מ	ה	ם	י	ו	א	ע	א	מ	ק	י	י	ע	נ	צ
מ	ש	ח	ר	כ	פ	ל	ר	ל	נ	ש	ו	ם	א	ה
ש	ו	י	ש	ה	מ	ד	פ	ר	ת	ל	ר	ָ	מ	ר
ת	ו	ו	ם	א	ב	ו	ה	ג	מ	ה	ז	ו	מ	י
ת	ק	ב	ז	מ	ן	ו	ב	ס	ל	מ	מ	ו	נ	ב
ף	א	פ	ך	ר	ר	ד	ש	ק	ס	ט	מ	נ	ד	ם
מ	ק	י	ק	ק	ע	ל	ל	ס	ל	ו	ר	ב	י	א

אהבת
צהרי
לנשום
קדמון
מנעול
צמיחת
אדירה
ושהיית
הרשות
אבטיח

לחוף
בזמן
סבון
משנה
מטל
משתתף
פיל
מלתחה
המשקל
תמיד

Puzzle 30

ב	י	ח	מ	א	ד	ו	ם	מ	מ	ף	ת	ל	נ	ל
ע	ו	ן	א	מ	ב	ן	ב	ו	ו	ס	ר	י	י	נ
צ	ת	א	ד	ג	ח	ס	ה	נ	י	ב	ה	ס	צ	מ
מ	ח	ב	א	מ	כ	מ	ט	ת	ף	ס	ח	ן	ה	ד
ך	ר	ע	א	י	ש	ו	מ	ב	ב	ו	ש	ת	ק	פ
י	ק	כ	מ	ע	ט	ת	ש	ו	ר	ר	מ	ו	ר	ה
ה	ה	ס	י	ש	ר	י	ו	י	ו	ה	ה	צ	כ	כ
ק	ע	ף	ע	ת	נ	ר	ו	א	ע	ת	י	ק	ו	פ
כ	נ	ם	מ	י	ם	ל	ך	נ	ר	י	י	ה	ל	ר
ן	י	ד	י	נ	ת	א	ו	ס	ש	פ	ק	ל	ר	ר
ת	י	ם	י	פ	ט	ה	מ	כ	ח	ר	ל	י	ג	א
ד	ן	ע	ת	ו	ל	ע	ת	נ	נ	ט	ו	ל	ר	ג
ט	ר	ו	ד	ג	ק	ף	ל	ת	י	נ	ו	צ	י	ח
ר	ן	ד	ה	נ	ה	א	י	ג	ר	מ	ן	ו	ת	א

כמעט
תולעת
דברי
מורה
שובב
העניין
גופנית
בעצמך
שיניים
עתיק

קלטת
להקצות
כסף
כתף
נכס
עוד
חיצונית
קרח
לתמוך
הכפר

Puzzle 31

ל	פ	ח	ם	ג	מ	כ	ש	פ	ה	ר	פ	פ	ר	נ
ה	ת	א	ד	ר	ה	ו	צ	מ	ד	ו	ה	ר	ו	ב
כ	ת	נ	ע	ג	ל	ת	י	ק	נ	ר	ס	ו	ו	ד
ד	נ	ס	י	י	י	ר	ה	ד	ו	ע	א	פ	ו	ה
ל	נ	י	ד	ר	ו	כ	נ	ב	מ	ש	ר	ס	נ	מ
ה	מ	ה	מ	י	ש	מ	ח	ש	י	ב	ב	ו	ר	ד
ח	ל	ו	א	ש	ל	ת	ח	ק	ל	מ	ע	ר	ד	ב
ל	ו	נ	י	ו	ת	ר	ד	ס	ו	ד	י	ס	ל	ר
י	פ	י	ב	ג	ר	ן	י	ת	ד	ד	ם	ה	ב	ב
ק	ה	א	ו	ר	ל	ה	פ	ס	י	ק	א	י	כ	מ
ד	ו	ר	ו	ר	ו	ד	י	ש	ג	ר	י	ב	ו	ב
כ	ת	י	א	ש	מ	ב	פ	ג	י	ס	ט	ש	ק	פ
ד	ח	י	ו	ח	ל	ו	נ	ך	ל	ה	ב	כ	מ	ר
ב	ר	פ	ו	ל	א	פ	ע	ח	ל	ע	ל	ה	ן	י

לקחת
מדד
להחליק
פרופסור
ארבעים
להאריך
להפסיק
גרגיר
שער
רואה

לימונדה
המדבר
משימה
מושבע
שידור
לשאול
משאית
מכשפה
תחבורה
גידול

Puzzle 32

ר	מ	ן	ה	י	ת	ם	ה	ק	ד	ח	ו	ו	ן	ר
נ	ל	ת	ת	ז	כ	י	כ	ו	ו	ו	א	ע	א	מ
ש	א	ל	א	ת	ס	נ	ב	ת	ז	צ	ע	ל	מ	א
ת	ה	ד	י	ו	ן	ו	ט	ו	ב	צ	ו	ג	ח	ו
ו	ב	כ	ד	ו	פ	ק	ד	י	ע	ו	ב	ק	ל	ב
ו	ו	י	מ	ל	ו	ה	ב	נ	ב	כ	ב	נ	ל	ם
פ	מ	ו	ן	ל	ל	ק	ה	ו	ט	ו	ל	מ	א	ק
ע	ת	ו	ל	ק	ה	ד	ה	י	ו	ח	א	י	ר	ב
י	ז	מ	ט	ב	ע	י	ם	ח	א	ב	ח	פ	ש	ע
ל	ד	ן	ח	א	ס	מ	י	מ	ו	ט	א	י	א	ד
ו	ח	ב	ש	ו	ש	ה	ד	מ	ר	נ	פ	ן	כ	מ
ת	ר	ב	מ	כ	ב	נ	ד	ת	י	י	ש	מ	ו	ע
ה	ק	ע	ע	ו	ר	א	צ	נ	ל	ו	י	ר	ו	ג
ב	ה	ט	א	ג	י	ל	ם	י	ר	ב	ח	ה	ן	ח

מלאה
הכבוד
מטבעים
טבע
בריא
הקלות
קטנים
צבי
פעילות
כאשר

חיוניות
אטומי
חברה
חברים
צדדים
ללוות
יסודי
דיון
לקבוע
קדימה

Puzzle 33

ס	ם	נ	מ	ה	א	ו	א	ח	נ	א	ם	·	ח	נ
נ	ם	י	ר	ס	ו	ו	מ	א	מ	ב	י	ח	ב	מ
ח	ו	נ	א	ג	ט	ה	נ	ח	ר	ל	ש	ו	ב	ל
ו	ו	ו	ל	ו	ח	א	י	מ	ם	ר	ו	כ	א	ה
פ	ה	ד	מ	ס	ב	ר	ל	ח	ז	ק	ה	מ	ו	מ
ש	ה	ט	ו	מ	ה	צ	מ	ד	פ	ע	נ	ר	ת	ק
מ	י	ר	י	ח	י	ב	צ	ש	י	ש	ה	ה	ו	ח
ת	י	ה	ו	ט	ג	נ	ו	ו	נ	פ	ר	ן	ו	ו
ר	פ	י	ו	פ	ל	י	א	ת	מ	י	ס	מ	ה	ל
י	א	ט	ג	א	י	ג	פ	ח	ו	ט	ח	ה	פ	ו
ז	ו	ו	ק	ה	ב	ו	ה	י	ר	ת	ע	ת	פ	ה
ר	ד	ו	ס	מ	י	ד	נ	ב	ל	י	כ	מ	ת	ו
ו	א	ב	ע	פ	ר	ד	ו	ו	ו	מ	ר	ב	ר	ה
ר	ל	ס	ה	ה	פ	כ	ו	ר	ו	ח	ב	ל	מ	א

מכיל
להמס
אפייה
ציטוט
פריבילגיה
עסק
זירת
שוב
באותו
מסודר

הנהר
למצוא
חופש
חזקה
הפתעת
אוטומטית
בניגוד
מחיר
לבחור
שישה

Puzzle 34

ב	נ	מ	ת	ו	ר	ו	א	ת	א	י	ו	מ	ש	ס
ב	י	ש	ח	ר	ש	ה	ר	ו	ף	ו	ד	ו	ס	י
ט	ס	י	ט	ת	י	ע	ו	ב	ש	י	ח	ש	ו	ב
ח	י	ג	מ	ת	ן	י	ב	ה	ל	ם	ש	מ	מ	ל
ה	ו	י	ר	ו	ת	ו	ת	ע	ל	ו	מ	ת	י	ח
ו	ן	ם	מ	א	ס	ו	ו	י	ו	ט	ח	ו	כ	ב
ן	י	ו	ה	מ	י	ו	ק	א	ו	נ	ש	ג	ן	ה
ר	ן	י	ן	צ	ה	ע	ל	ו	ו	ן	מ	ה	ב	ל
י	ו	ו	ו	ע	פ	א	ד	ם	פ	י	ו	נ	צ	ו
ו	ד	ש	י	ה	ט	י	פ	ו	ס	י	ו	ת	ג	ב
נ	א	א	א	ת	ע	י	א	נ	ו	כ	מ	ה	ן	מ
ב	נ	י	נ	צ	נ	ת	ח	ל	ק	מ	ח	כ	נ	ה
ט	מ	מ	ן	ב	א	ו	ם	ב	ל	כ	ב	ו	ש	א
ה	י	ס	ו	א	מ	ו	ד	ר	נ	י	ת	נ	ע	י

במת
משיגים
תעלומת
ניסיון
משם
נטו
להבין
צבא
היתר
התנהגות

עצמאות
מקלחת
יסוד
מכונאי
שבוע
מודרנית
בבטחה
הטיפוסיות
חשוב
מנות

Puzzle 35

מ	א	ן	ש	א	ָ	ל	פ	ס	ו	ק	נ	ס	י	ב
ט	מ	ר	ב	מ	ב	י	נ	י	ם	א	ס	ל	ס	נ
ק	ן	ק	ב	ו	ו	ו	פ	כ	י	ו	מ	ל	ר	ר
ר	ו	ן	ו	י	ל	ע	ה	ו	צ	כ	כ	ו	ת	ת
י	י	ש	ט	ק	ש	נ	ו	י	י	ו	פ	כ	ג	ב
ט	י	ק	ש	א	ט	ו	ד	ב	ב	א	ס	נ	ל	ש
י	מ	ב	פ	ה	ב	נ	ק	י	א	ח	כ	מ	ת	ע
ח	ר	מ	ל	ב	פ	מ	ב	י	מ	י	ו	ה	ח	ע
א	ם	ב	ל	א	ץ	ת	א	ש	ג	ט	ב	ו	ו	ל
ו	ת	ע	ו	ד	י	ח	ע	נ	ב	ת	נ	ר	י	ת
ר	ע	ר	ב	ש	פ	צ	ת	י	ר	מ	י	י	ך	י
ה	ג	ב	ו	ה	ה	ש	ב	ת	ת	ך	ו	מ	נ	
ת	מ	מ	ק	ב	ל	י	ם	י	ד	א	י	ד	ה	ס
י	ן	ס	י	י	נ	ג	ל	ם	ל	ו	א	ה	ו	נ

העליון
ידוע
מקבלים
כנרת
סיכוי
ביצים
חיטת
לפסוק
הגבוהה
אבק

להפיץ
ביישנית
מבינים
לפשט
נטה
נמוך
גברת
קמח
שקט
קריטי

Puzzle 36

ז	ב	ת	ו	ה	ח	ב	ט	מ	ת	ו	ם	ח	ת	ר
מ	ש	ת	נ	ה	ת	כ	י	ל	ה	ק	ש	ו	ל	י
י	י	ו	ו	ן	ה	ה	ו	נ	נ	א	ת	ת	ו	ה
כ	ט	ע	ק	ר	נ	ף	ח	ב	ל	ו	פ	ד	ו	ח
ת	פ	ת	ק	ב	ל	ץ	י	ר	מ	א	ד	ש	י	ת
א	ג	ס	נ	י	מ	פ	י	פ	ל	ש	ו	ו	י	פ
ב	י	י	צ	ו	ר	ק	ם	כ	ח	י	ר	מ	פ	ס
ר	פ	ל	ע	י	ל	ו	ו	נ	ם	נ	ש		י	ח
ר	נ	ע	מ	א	מ	ס	ן	ם	ה	א	ל	ט	ו	ר
ע	ל	א	י	מ	ל	ו	ו	י	ל	ו	ה	י	מ	ל
ת	ע	כ	י	ב	ת	ד	נ	ר	ק	מ	נ	ב	ו	ה
ו	ת	ר	צ	ו	ת	ב	נ	ב	צ	ר	י	ם	·	ח
י	ר	פ	ש	ו	י	פ	א	ג	ב	צ	ל	פ	ו	פ
ו	ב	כ	ך	נ	ו	ל	ר	מ	מ	ו	ב	ו	ם	ו

בצל
לעיל
מלח
גברים
קרנף
בתוצרת
משתנה
ערש
הליכת
קפץ

בינלאומי
במקום
פטיש
לשרוד
ובכך
חיים
צרים
מטבח
בייצור
אגס

Puzzle 37

י	ל	מ	ק	צ	ל	מ	ה	ר	ת	ב	ר	ו	ע	מ
ת	ל	ח	י	ג	ו	פ	א	מ	ת	מ	ד	א	ה	צ
נ	ט	ח	ח	צ	ב	א	ג	ה	ד	י	ל	נ	ר	ה
ק	י	י	ל	ר	מ	ה	ר	ו	ה	ן	ו	ל	ת	כ
ו	ב	ח	מ	ח	ן	ם	ו	ב	ב	ח	י	נ	י	י
ד	ת	י	ל	א	ל	ש	ף	ג	ד	ק	צ	ד	ח	ר
ת	ב	ח	ס	ו	ש	י	נ	י	ל	ל	ו	א	ש	צ
ל	ע	ו	ר	ש	ו	א	מ	ה	ו	נ	ת	ל	ע	מ
ה	י	ט	ח	ר	ס	ח	א	ת	·	ך	ט	ר	ן	ו
ר	ל	ע	ר	י	ק	ד	ב	צ	ה	ו	ש	ר	מ	ב
י	ח	מ	ע	א	ו	י	ה	ר	נ	ח	א	צ	ן	ד
ג	ש	מ	י	ם	ג	נ	ק	ו	י	ר	א	פ	מ	י
י	ם	ן	ת	ו	א	ך	ב	ב	ל	ח	ו	ו	צ	ל
ב	כ	ה	ה	ר	י	ק	ח	י	ל	י	ד	י	ה	ו

מעורבת
חקירה
חוט
ילידי
נקודת
הבדל
שלטונו
עור
גבוה
צריכה

גשמים
התנצלות
האגרוף
המאושר
צפוי
נלקח
מוצלחת
להרי
ממעט
לידה

Puzzle 38

צ	פ	י	ה	ס	ם	י	ל	ע	ב	נ	א	מ	ה	ט
נ	מ	ן	ו	י	ן	ש	מ	ד	ז	ס	ת	ג	פ	ר
ב	פ	ר	ו	י	ק	ט	ו	י	ת	י	ח	י	ח	ו
ב	נ	ב	ב	ו	ד	ש	מ	נ	ו	נ	ת	ע	י	פ
ה	ב	ח	ע	ג	ת	ן	נ	ה	י	ב	ך	מ	ד	י
ת	ת	ו	פ	מ	ו	מ	ח	נ	ד	ת	ה	ד	ה	ג
ת	ח	ו	ר	ב	פ	ת	ה	ע	פ	ג	ג	ר	ת	י
י	נ	מ	ח	ע	נ	י	ב	ר	ם	ו	פ	ב	ד	ק
י	ו	ו	ל	נ	פ	ת	א	ע	מ	ל	ה	ר	ו	ת
ר	ה	ר	מ	ג	ק	י	ט	ו	ר	ב	ד	מ	ע	נ
ר	ש	י	י	ך	י	ט	פ	י	ל	א	ק	י	ת	ת
ת	ו	ז	ח	ל	ב	ש	ו	ס	ח	ו	ת	ל	נ	מ
ל	ָ	א	ל	ש	כ	ח	ל	ה	ם	ה	ת	י	כ	ה
כ	ע	ר	ו	י	נ	ל	ל	י	ד	ו	ע	ו	א	ב

כיתה
טרופי
קומקום
לשקוע
מגיע
תעודת
אליפטי
הפחידה
שייך
להרות

דבר
לחזות
חבר
קיטור
להם
בפרויקט
בהמתנת
שלך
עדינה
חנינה

Puzzle 39

ר	י	כ	ד	ו	ר	ג	ל	ם	י	ר	ק	ח	מ	ב
ס	נ	פ	י	ר	ד	ן	ו	ל	ו	ה	ש	י	מ	ש
פ	ל	ז	כ	ו	ר	ו	ח	פ	ח	ר	ה	ע	ל	ת
י	כ	ש	ל	פ	ג	ש	ו	ל	א	ן	ז	ו	כ	מ
ת	י	ב	ו	ת	ה	מ	ר	ו	ב	ח	ב	ר	כ	ה
נ	י	מ	פ	ל	ל	י	ן	ש	ו	כ	פ	ו	ו	ו
ת	ו	כ	ז	ב	נ	מ	י	ג	ח	ן	ר	ש	מ	ב
ו	ת	ר	י	נ	ר	י	י	ו	נ	ק	ט	נ	י	ר
ר	י	ו	ר	ד	ו	מ	ד	מ	נ	י	ו	ת	א	ו
י	א	ל	י	א	ח	י	ע	ע	ד	פ	י	י	ד	פ
ח	ו	ק	ו	כ	ד	י	נ	ע	ה	ס	ת	י	ע	ק
ב	א	ל	ע	מ	ת	ע	מ	ו	מ	מ	ד	א	ת	ת
ו	ש	ו	נ	י	ד	ע	ו	ר	ר	ה	ר	ו	פ	ה
א	ל	פ	ל	ע	מ	ם	י	ד	ח	כ	נ	נ	צ	ג

כדורגל
מספיק
לזכור
דומדמניות
בזכות
בחירות
סנפיר
גדול
עדיין
שמישהו

אויב
נכחדים
פולקלור
באחו
להגר
נענע
לתפור
לפלוש
חול
במחקרים

Puzzle 40

י י ש מ ס ל ל נ ד מ מ ב י ל י
נ ר ו ש ת ב ס ל א ר א י ל ה ם
ט ב ל ב ח ו ר י מ ו ו י ב ו ש
מ י ת ב ר ף כ א פ י מ ח ש י ד
י ב ע ק ב ו ת ן מ ט ש פ ם ו ח
ו ת א מ ת ש מ כ ק ו ך ר י ב א
ס ו ר ה ל ח ב ש ר ב ח פ ו ד ב
ת ם ב י ו ל ה ו י ו ה ב כ כ מ
י ט ע ג ג ע ח י ר כ ב ם י ר ה
י מ ב ו נ א מ ב ה י ד ב ס י א
ר פ פ ל ר י ל ה ז כ י ר ח ס צ
א ו ב ו ת פ ע ת ע כ מ י ד נ ס
ט ג ק י י ל ל כ ר ר ם י ו נ ח
י ט ס ב ה ל ו ת ד י ל ע ע כ מ

טוב
בעבר
בחורי
משך
סחר
בעקבות
קרירה
באופן
שכן
אביר

ביולוגיה
הרים
צנוע
להזכיר
לחשוף
מככב
איכות
להרוס
תרנגולת
חום

Puzzle 41

ד	נ	ס	ג	י	ל	ו	י	י	י	ר	ה	ב	ם	מ
ל	א	ב	ד	ב	ת	ן	ש	ג	ד	ו	ד	ש	ל	ט
ה	ת	ב	ו	נ	נ	ו	ת	ב	ר	ז	ל	מ	י	ל
א	א	נ	כ	ו	נ	ה	כ	ר	י	ב	י	ר	ר	ת
ל	ו	ח	נ	א	ו	ו	י	י	ג	ו	י	פ	ל	ו
ם	ה	ב	ד	צ	י	כ	ר	א	פ	ר	י	ס	נ	ל
י	ע	ם	י	ק	ת	מ	מ	ב	ו	ז	ר	ת	ר	י
ס	ו	ל	ה	י	ן	ה	נ	כ	ס	מ	ש	א	ל	ה
א	ק	ר	א	י	ק	ם	א	ש	י	י	י	ד	ס	ה
ש	מ	ל	ת	נ	ו	ט	ח	ל	ו	ל	ס	נ	◌	ה
י	ו	ח	ס	ר	כ	א	ח	ש	ר	ב	א	י	ו	ה
ג	ל	ל	ה	ד	ר	ו	ל	ח	ח	ו	א	פ	ת	ך
ר	ר	ן	ת	א	מ	ד	ן	ק	נ	נ	ו	ד	ו	ב
ו	י	מ	ל	ח	ת	ד	ד	ו	מ	ר	ר	ח	י	ש

כיצד
בסיסית
אקראי
לשדוד
מרפסת
נכונה
גילוי
אובייקט
לאבד
משאלה

מטלת
שמלת
אחד
ממתקים
ילד
ברזל
לשחק
סכנה
רכה
התבוננות

Puzzle 42

מ	ו	ר	מ	מ	ד	מ	ה	ב	ת	מ	ן	ר	ו	ר
מ	י	פ	י	ר	ן	ח	ף	ח	ב	כ	ג	ע	ע	צ
ד	ב	ת	ח	ת	ן	ק	ח	ש	ו	ג	ם	ן	ו	ו
ר	פ	מ	ל	ה	ר	ו	ו	י	ח	ו	א	י	ד	ן
ג	ס	ו	פ	ר	ו	ה	ד	ה	ה	ת	ו	י	נ	מ
ו	י	ח	י	ב	פ	ו	ו	ש	ע	נ	ל	ש	מ	מ
ת	ח	ב	ט	ה	י	כ	פ	ו	ר	י	ל	ב	ן	ה
ו	מ	ב	ו	כ	א	ר	י	ק	ו	ת	פ	ס	ו	ת
נ	ת	ו	א	ב	ה	י	ש	פ	ס	ה	ש	נ	ל	מ
מ	י	ה	ג	א	ו	מ	ר	ם	ר	ב	ה	ו	ג	ס
ל	ג	ש	ש	ע	ס	ד	ה	א	ה	ע	פ	י	ל	ח
·	י	נ	ה	פ	צ	ת	ב	ה	מ	ד	ע	פ	ש	פ
ל	ע	ב	ש	ג	ר	ר	ה	ת	ז	י	מ	ל	ו	ת
ק	ש	מ	ל	כ	ר	ע	ת	ם	ם	ת	א	ת	י	י

למנות
מניות
הרבה
חבטה
תוספת
הבאות
רצון
מגיעים
ריקות
שחקן

וידוי
ממשל
נשאה
איפור
סופר
מדרגות
שלג
תחת
להרוויח
המדע

Puzzle 43

ג	נ	נ	ע	ש	ח	ד	פ	מ	ר	ר	ם	י	ת	נ
נ	ל	י	ג	ר	ת	ד	נ	ד	ר	צ	פ	נ	מ	מ
ב	ו	פ	צ	ת	ל	י	ה	ו	מ	נ	ר	מ	ק	ח
ג	י	ו	ו	ו	ב	ן	ר	ג	ל	י	ב	צ	ו	ו
ה	ע	ס	ב	ט	ץ	ל	י	נ	ח	ל	ש	פ	ר	א
ו	י	ל	ה	ש	ל	ק	ה	מ	ד	ש	כ	ר	ה	ת
ק	ו	ש	ע	פ	ף	ב	ד	ד	ז	ה	ס	כ	ו	ם
ב	ן	י	כ	ת	י	י	ת	ש	ב	ו	ג	ו	מ	צ
א	א	ש	ב	ה	י	א	ר	ל	ע	ו	מ	ס	ן	ע
מ	א	ג	ר	נ	נ	א	ע	ל	י	ו	נ	ו	כ	ב
כ	ח	י	ש	ג	פ	נ	ש	מ	ס	נ	י	ד	מ	ו
ס	י	ר	ב	ק	ט	נ	ו	ע	י	ו	ב	ו	ר	ח
פ	ו	ז	י	ר	כ	צ	ש	ו	ת	ו	ו	נ	ו	ו
מ	צ	ו	י	ו	מ	ע	ד	א	מ	ל	מ	מ	צ	ב

העכבר	מחר
ניצוץ	מצב
הרוק	לשפר
מאבק	עצם
נפגשי	קטנוע
הסכום	זמין
דהירה	רגלי
זרי	רגיל
סוכר	רעש
סופי	התפשטות

Puzzle 44

ה מ ל ל מ ח ל ק י נ מ ת ו ד נ
ר ו ו ל נ ר ו ת ה א ס ק ר ת ד
ח ד ת מ ן מ ו ר כ ו מ ר מ ר ר
ו א ש ר פ ת ב ל ו ם ר ן י ר ש
ק ג נ ק ת ק ש ח ר ן ו פ פ ל מ
ה ת ט י ש ל י ע ו ו ם י כ כ ע
נ י ו ה ח פ צ ו ת א ל ד ב נ ב
ת מ כ ו ב ע ף ד ר מ מ י פ ס י
ם מ ל י מ ו ן ל ו ת ע ת ד ל ש
ת ח ל י ע ל ט ת ב צ ט א ו נ ט
נ י ע ח ו ר ה ן ן י ד ג א ח ח
כ ו ר ה פ י ב ק ר י ה ל ו א ל
ט ס ד י ו ן ת ן א ו ה ב מ ת ל
נ מ ע ת ל פ ע ף ל י צ ס ר צ א

למעט
קומפקטית
מרדף
לימון
יפה
ללא
בקשה
הרחוקה
שלד
להירקב

כובע
מודאגת
ידית
נאום
נדרש
לפעול
מלפפון
מיעוט
מסמר
בלום

Puzzle 45

ס	צ	י	י	ך	ו	ו	כ	י	ס	ב	נ	ח	ב	פ
ב	ק	צ	ב	י	ר	ת	כ	ח	ת	ה	מ	ר	ה	ו
א	ה	ב	י	ש	מ	נ	י	ד	ה	ה	א	נ	י	צ
ב	ס	פ	א	מ	נ	י	ס	פ	כ	ר	ח	מ	ו	א
ס	ב	ר	ק	ה	ב	י	ט	נ	ר	ט	ל	א	ד	מ
ף	ו	ח	ד	ל	ת	ט	י	צ	ע	נ	ס	ב	ע	ו
ו	ך	נ	ל	ג	נ	צ	א	ב	ה	ג	ה	פ	ו	ה
ו	ע	ד	מ	ל	ל	מ	ם	ן	מ	א	ם	ו	א	פ
ר	ר	י	ט	א	ט	ר	ק	ט	י	ב	י	ל	צ	י
ו	ת	י	ה	ם	כ	ס	ל	ר	ס	פ	י	ר	ה	ה
ע	נ	ב	י	ם	ש	י	פ	ן	ו	י	א	ר	ב	ל
ל	ק	ב	ל	נ	ע	ו	י	ת	ה	ד	ב	י	ל	ס
י	ב	צ	ת	א	מ	י	ר	ו	ץ	מ	צ	ח	ד	א
ל	ב	ן	ף	ב	ף	פ	פ	י	א	ו	ל	ו	נ	◌

לבן
להמשיך
לקבל
בקצב
ספת
ענבים
צבאיים
קפה
ריח
הסבוך

מירוץ
יודע
הערכה
מצטיינת
לדחוף
ללמד
אלטרנטיבה
למטה
אטרקטיבי
לסכם

Puzzle 46

ה	ב	נ	מ	מ	ד	ח	ו	ם	ה	מ	ח	ש	ב	ת
נ	ב	ו	ו	א	ד	י	נ	ח	ע	ה	מ	פ	ת	ו
י	י	ו	י	ה	ח	ן	ו	ל	י	א	כ	ד	פ	א
ס	ר	מ	א	מ	ח	ו	נ	י	י	ר	ם	ו	ת	ר
ו	ו	ן	ה	ש	ח	פ	ר	ת	ס	נ	י	ר	ח	ה
י	ר	י	ו	ר	ו	צ	ש	י	ל	כ	ל	פ	נ	ל
ל	ש	ט	ו	ף	מ	ב	ה	נ	ע	ר	ו	מ	ק	ל
ר	א	נ	ש	י	נ	ג	ת	ו	ר	י	ד	ם	ל	ר
י	נ	נ	ד	ב	מ	ם	ו	כ	א	א	ג	כ	י	ע
מ	מ	כ	ח	ס	ג	ר	ע	מ	ר	ר	י	פ	ר	ו
ס	כ	ו	ע	א	ד	נ	ר	מ	ד	י	נ	ד	ס	כ
פ	ל	א	א	ח	ע	ה	י	ח	י	ו	ב	ב	צ	מ
ר	ש	מ	ת	ר	ח	ו	מ	מ	י	א	ל	ו	ת	ו
ת	ר	כ	י	ז	מ	ה	ע	ע	ר	ו	מ	פ	נ	ת

מדחום
מחשבת
להראות
מאמר
בבירור
מכונית
גדולים
תרכיז
כנראה
וכמות

לשטוף
מספר
מאחורי
בצפון
הניסוי
מפת
מקל
סכום
לסייע
ארנבת

Puzzle 47

ג	מ	ד	ו	מ	ו	ת	ע	פ	ב	י	י	ח	מ	ר
ת	ש	ב	נ	ם	ר	ת	ר	י	ס	ל	ר	ן	י	מ
נ	ו	ר	י	ז	ח	ו	ו	נ	פ	א	ב	ת	ש	ל
ל	ב	פ	ה	ז	ח	ו	ב	ה	ק	ר	ש	ד	ו	ב
ד	ל	ס	ל	ל	ב	ע	צ	י	א	י	ו	י	ר	כ
ו	ל	ה	נ	ב	מ	ס	ה	ב	ו	ג	ל	ן	י	נ
י	מ	ע	ר	ם	ק	ו	ה	ף	ט	ו	ת	ב	פ	ל
ל	כ	כ	מ	נ	ל	א	י	נ	ה	י	ר	ק	ת	ו
א	ל	י	י	ר	ט		מ	ו	י	ה	ע	נ	ו	א
ו	מ	ג	כ	ל	נ	נ	ס	י	ל	פ	ט	כ	ה	ק
ת	א	ק	ס	פ	ר	ס	ר	ר	צ	מ	צ	צ	ח	ל
ת	ח	ו	ש	ה	ל	ב	ש	ל	ו	ל	מ	ש	כ	מ
מ	ב	ו	ד	ד	ו	ת	ו	א	ץ	ו	א	ע	ל	ן
נ	פ	ל	ו	ל	ע	ר	ת	ט	י	י	י	ב	פ	פ

אקספרס
מישורי
גשר
בלבד
מבודדות
לייךט
לצוץ
עצי
תלוש
לגובה

הספר
מצטערת
חזיר
חייב
מבנה
לבשל
תחושה
ללבוש
עיפרון
וילאות

Puzzle 48

ל	ו	י	מ	ש	נ	י	י	ו	א	ב	ש	ת	ל	פ
ט	ה	ר	נ	ד	מ	מ	ו	ת	ס	פ	א	ו	נ	ו
ב	כ	ת	א	ו	ם	י	ם	ע	ו	ז	ר	כ	ב	ו
ע	ס	א	י	ן	ח	ס	א	י	ן	ס	פ	ל	ש	ר
י	מ	ט	ק	י	ר	נ	ע	ר	ז	ו	ה	ר	ר	פ
ר	ד	ל	ב	ו	ח	פ	ש	פ	א	כ	פ	ן	א	ת
מ	א	ס	נ	ד	ת	ס	ה	ה	ה	ל	י	כ	ה	ש
מ	ו	ר	ו	ט	ה	ן	ד	ל	מ	ו	ה	ר	ר	נ
ט	ש	ק	ן	ל	נ	ל	י	י	י	ר	ו	ח	ש	ע
ב	י	ס	ד	ג	ע	י	ן	ו	ל	ד	צ	ן	י	ל
ע	נ	ת	ח	ו	פ	ס	ס	ח	ה	י	ד	צ	ו	י
ת	ו	י	ה	ר	ש	פ	ו	ה	ט	ט	ו	ז	י	נ
ם	י	ר	ו	ר	ב	ר	ו	ס	ה	כ	פ	ו	ל	ע
פ	ר	ו	ת	ה	י	י	כ	ל	י	י	ת	מ	ן	ה

טבעי
טבעת
זועם
זוהר
בשפע
עשה
הליכה
טניס
להתייחס
להפריע

ברורים
אסון
כפול
שדון
מוקד
פרות
שינוי
לטאת
מסכה
דין

Puzzle 49

ע	י	ת	י	מ	כ	ו	ד	ה	א	ר	א	מ	ת	ז
י	ו	ש	ל	פ	מ	ר	ר	ב	ר	ו	פ	ח	ה	ל
ס	א	נ	ר	ד	ע	י	ך	ר	א	ר	ש	ב	ק	ו
י	מ	מ	י	ק	מ	ה	נ	ע	ס	מ	ר	כ	י	ד
ד	ח	ח	ד	ה	צ	ל	ד	ה	ע	ס	י	ק	ר	ח
ר	א	ת	ל	ב	ח	ת	ו	ק	ו	א	ח	ר	ז	פ
ל	ש	ר	ת	ף	י	ח	י	ו	ד	נ	ל	כ	ז	ו
י	נ	פ	ו	א	ק	ב	י	ן	ה	י	פ	פ	א	ב
ש	נ	כ	נ	ה	ו	פ	ת	י	ס	ו	ל	א	ג	צ
ו	ת	ו	ו	ע	ת	נ	ש	ב	מ	ס	ל	ו	ל	ח
ם	ת	ו	ה	ם	ו	י	ר	ב	ח	מ	א	י	ו	י
ו	ר	ו	ל	י	נ	מ	ב	ע	ד	ו	מ	ר	ו	ה
י	נ	ו	פ	י	פ	י	מ	ס	י	ב	ץ	ל	ו	ב
י	ס	נ	ד	ר	ל	פ	ה	ו	ו	ה	ס	מ	ו	ל

זהב
סולם
מצחיקות
מסע
לתאר
לשרת
להונות
תכוף
במסלול
להעסיק

הערב
לפנות
אפשרי
לאמץ
מחבר
המברשת
אופני
זריקה
פנימי
דרך

Puzzle 50

י	ג	מ	ס	ב	ה	ע	י	ן	ד	פ	פ	ש	נ	ה
ו	ש	ל	ו	מ	פ	צ	ל	א	ת	ר	א	ד	נ	ת
נ	ש	ס	נ	ג	ז	מ	כ	נ	י	ס	ת	ק	ה	י
כ	ב	פ	נ	ב	י	ם	ו	ש	ב	ה	ה	ה	י	י
י	ו	ו	מ	ו	ו	ל	מ	י	מ	ח	ר	י	ד	ש
ה	ו	ר	צ	ח	ל	ל	ב	ו	ע	כ	א	ר	נ	ב
מ	ו	א	ש	ל	ו	ל	י	י	ו	ו	ש	ו	ס	מ
ל	ב	ק	ד	י	ו	ק	ה	ת	א	ו	ש	ש	ו	ת
ל	ט	ג	ה	ן	א	ו	צ	ר	י	ב	ס	ן	ת	ו
כ	ד	י	נ	ת	ן	ח	ה	ק	י	ט	י	ל	ו	פ
ה	ו	ב	ו	ט	פ	ד	ג	ת	נ	י	ה	ר	ס	פ
ת	ה	ו	ב	ת	ו	ת	ו	מ	ד	ו	נ	ס	נ	כ
ע	י	ו	ר	ת	י	מ	ר	ד	י	ח	פ	ל	ל	ש
א	ר	ב	ה	ל	י	י	ל	ר	ע	א	ת	ר	ע	ו

אבל
פוליטיקה
כפפות
כניסת
יין
סביר
לספור
התיישב
שבו
שנה

אוצר
הקנה
ללקוח
ארנב
התאוששות
פרסה
לנסות
לאתר
דיוק
עצמם

Puzzle 51

ב י ה ח ם ן מ א ת ר י ד כ ח ה
ע ל ו ה י נ ו ת מ א צ י י ל ח
י י ע א נ פ ס ו ה א א נ ל י כ
ה ש ל ג פ ק ן י צ י י ת ו ת ג
ב ט נ ה א ו מ ל ל ו ת ב ל ר ב
ע ל י י ה פ ס נ נ נ י ל א ע ע
ך י נ מ ס ד נ ס ו ת ו א ץ נ ת
מ ר ש ל ר ל י ר ח ד ו ב ר ע ל
ע מ ש ה ו פ ר ב א ת ל ל פ א ט
ה ד מ ח כ ה ל ו ם י ו ם מ ת נ
מ ה א ז ל א ן ר א ו ב ה א ר נ
ע ג מ י ו כ ב ו י ו ר כ נ פ ו
ו פ ב ק י ם י ק ו ל ב ע י י ו
ת ש ו י מ ח ל ר פ ם ס ו ם י ו

מפרץ
לערב
משהו
לייצא
כדי
וניהול
סמן
גבעת
חיובית
אומללות

לדפוק
להחזיק
פנים
לווית
כורסה
בלוקים
עלייה
אין
דתי
הון

Puzzle 52

מ	מ	ב	ן	ה	ק	ו	פ	י	ס	י	ו	ב	ו	ש
ל	ק	ה	ו	מ	ל	ו	י	נ	ד	י	י	א	ה	י
ת	י	ג	א	ל	ש	ד	ל	ק	ו	ו	ו	מ	ח	ר
ח	ת	נ	י	ח	כ	א	ק	נ	ר	ת	ח	צ	מ	ם
ו	ס	ה	א	מ	ו	ם	ס	ר	ו	פ	מ	ע	א	ו
ס	פ	ר	מ	ה	ח	ר	ס	י	ר	ע	ע	ב	ה	ר
מ	ד	ר	ר	ר	מ	ס	ח	ו	מ	מ	ך	כ	ד	ם
ב	ח	ק	י	פ	מ	כ	נ	ה	י	י	ס	נ	כ	ה
א	ש	מ	ל	כ	ו	ח	ו	ק	מ	ח	ב	ר	ת	ר
ע	ת	י	ק	י	ם	ר	ו	ד	ב	ב	ר	ר	ם	י
ת	נ	א	ד	ה	ד	מ	מ	ו	ת	א	ב	י	ב	כ
ע	ע	ר	ק	ק	ש	ו	ו	ת	ו	ר	י	ש	י	ב
צ	י	ה	ו	ו	ה	ן	ר	ר	ח	כ	ו	ח	ק	פ
ת	י	ר	ס	מ	א	ל	א	ו	ף	ל	א	ל	י	י

החמאה
הכנסייה
שירות
רפורמת
קולנוע
מחברת
לשכוח
מכנה
בכירה
מפורסם

חוק
מקרר
המלחמה
באמצע
ספר
בהגנה
להקדיש
עתיקים
תירס
שיר

Puzzle 53

ל	ד	ם	ש	ס	ו	ה	כ	י	ט	י	ב	ק	ע	ג
ח	ל	י	נ	מ	פ	ס	ו	ר	ש	ג	י	ס	ו	ג
ח	ו	ב	ת	ה	ב	י	ן	ם	ה	כ	ש	ר	ת	י
ב	ב	י	י	ב	ו	פ	י	ב	ר	ל	ו	פ	ד	מ
ה	י	צ	ה	כ	נ	ו	י	צ	ג	פ	ת	א	י	ו
ל	נ	ה	ר	ר	ו	ר	ט	ן	א	ן	מ	ז	ד	פ
ר	נ	ו	ל	ה	ג	כ	ר	ה	ה	ו	ת	נ	מ	ו
ע	ה	ו	ה	ב	י	א	ת	ו	מ	ב	ו	י	ך	ה
ו	ר	צ	ו	מ	א	ו	ל	ל	ל	ה	ס	ר	ו	מ
ל	ל	י	א	ר	ר	פ	ן	ת	ו	נ	ה	י	ל	ז
נ	ד	ר	צ	ת	ת	ר	ן	א	ו	ש	נ	ת	ג	כ
ל	ח	ם	א	ו	ת	מ	י	ש	מ	י	ר	ר	ע	י
ת	ת	ת	י	ג	ו	ר	ל	ן	ס	א	ל	ב	מ	ר
ח	ע	צ	ב	ד	ר	ל	ת	ח	ר	י	ו	ח	ה	ה

מארחת
האפור
ביצה
שנתי
גור
זמן
המעגל
הבין
ליהנות
מזכיר

הכשרת
אוהל
משימת
מדידת
יצווה
חובת
הסיפור
אפרסק
חברתי
הרכבה

Puzzle 54

ה	פ	ו	מ	נ	ה	ת	ר	ן	פ	ו	נ	י	ב	י
ע	פ	ר	ע	י	ש	א	צ	נ	ת	י	פ	ו	ק	ש
ו	ן	ו	ץ	ד	מ	פ	ו	ה	כ	ט	נ	מ	ם	ל
ט	ע	פ	כ	מ	נ	ה	י	ג	ר	פ	ו	נ	כ	ו
ה	ם	י	ד	ה	מ	ר	ו	ף	כ	ש	ק	ח	ס	כ
ל	י	צ	מ	ל	ג	א	ר	כ	ו	מ	נ	ף	ה	י
ר	ו	ד	ד	ת	ו	נ	ב	ל	ם	ד	י	ה	ת	ב
ל	ה	ת	נ	ו	ע	ע	ל	י	א	ג	ח	ע	ת	ת
ד	כ	ד	ת	ל	ו	פ	ו	כ	ל	ר	ו	ז	א	ב
ע	ב	ד	ע	ו	ם	י	ד	פ	ס	י	ו	ן	א	כ
א	ן	מ	ו	ד	ו	ג	ר	ף	ו	ל	ן	פ	ע	ב
ט	ס	פ	ל	ג	ס	ש	ו	י	ה	מ	ר	כ	מ	ו
ו	ו	ס	י	פ	י	ב	פ	ו	ח	נ	כ	ת	כ	ד
ת	י	מ	ו	ו	י	ל	ר	מ	ט	מ	מ	ל	ת	פ

הסכם
לבנות
פסיון
הפוכה
גדולות
מנהיג
מוכר
שיער
פיננסי
באזור

גרף
טועה
ציפור
להתנועע
ספל
משפטי
פרץ
שקופית
כרכום
בכבוד

Puzzle 55

ל	ג	י	ל	א	ל	כ	ם	ל	מ	ש	י	ר	מ	ב
ב	ג	ו	ב	ה	ק	ר	י	מ	ך	מ	ט	ל	א	כ
ח	ת	א	ל	ו	ח	ו	ב	נ	ל	נ	ו	נ	ש	ל
ד	ל	ו	פ	ו	ת	י	ר	ר	ו	ס	ר	ר	ל	א
כ	נ	צ	ת	ק	ח	ו	ף	א	מ	ק	ב	פ	נ	·
ר	נ	א	ח	ת	ל	ס	צ	ע	י	ח	ש	ו	ו	ח
ז	ט	ה	כ	ה	ו	י	ר	א	ו	ם	ל	ה	ר	ח
ל	י	ל	ח	ד	ש	ט	ב	מ	ה	ש	י	ג	ז	ג
ה	ל	ו	ו	ד	ו	ר	ש	ה	ה	ה	ה	ב	א	מ
מ	ה	ם	ה	ת	ן	כ	ח	ב	ל	ב	כ	ו	ג	ה
ו	ט	ע	ח	ם	ו	ם	ר	י	ו	מ	ג	א	ת	ת
ד	ח	ו	ה	א	ו	פ	י	ת	ב	י	ת	ן	ר	ם
פ	י	מ	ה	א	ג	ן	ל	ו	ד	מ	ו	ו	ד	ח
ו	ו	נ	י	מ	ה	ס	ו	·	ת	ר	ה	ו	ל	ל

התקווה
כהה
סורר
ברצף
הבית
כרטיס
תוצאה
קוראים
שחי
בגובה

גישה
שולחת
האופי
דחליל
דורש
מגוון
שלנו
נטילה
בכלא
לנבוח

Puzzle 56

ר	מ	ל	ת	ה	ל	י	א	ח	ת	ם	ש	ו	ש	י
א	ל	נ	ח	מ	ה	צ	ע	ת	ט	י	ש	ו	כ	ת
ת	ב	ק	ת	ב	מ	צ	ש	ב	ד	י	ת	ן	י	מ
ם	ד	ר	ו	ן	◌	פ	ס	ו	ל	נ	פ	א	ו	ן
ו	ו	י	ן	י	ג	פ	ש	ש	ר	ע	מ	ל	ה	ש
ל	פ	ע	ה	ח	י	י	ל	ו	ר	ו	ח	ם	ל	ק
ה	י	נ	◌ָ	נ	ו	ב	ו	ת	ק	נ	א	פ	ו	ד
ס	ק	ו	מ	ו	י	ב	ל	ר	ו	מ	ן	ו	ה	ט
י	ת	ו	ל	ת	ת	ה	ה	ו	ת	ו	י	נ	ד	ק
ר	ן	ט	כ	ן	ו	ע	א	ה	ה	ל	ב	י	י	ס
י	ס	כ	ש	ר	ת	ק	ר	ר	ה	צ	ר	מ	ט	ט
ב	י	ד	ק	ו	י	נ	ק	ם	ס	פ	ו	ס	א	ו
א	ט	ם	ד	נ	פ	ס	ט	נ	מ	ו	ג	ע	ו	ב
א	פ	ה	מ	ו	ש	ו	י	נ	ט	ת	נ	ו	א	ד

מלבד
מנוע
לצפות
לנקר
לשלב
עיר
תחתון
רוח
להסיר
טקסט

החייל
הארקטי
הצעת
קיפוד
עתודה
פסול
כתיב
שבדי
עניי
שיטת

Puzzle 57

ו	מ	ע	פ	ת	ר	י	ו	ק	ן	ת	פ	י	ע	ו
ו	ו	י	ט	ת	י	א	כ	ז	מ	ב	ק	י	ד	י
ס	ו	ד	ב	מ	ס	ל	נ	ר	ש	ו	מ	ל	ד	מ
ה	ה	ה	כ	ח	מ	ח	ת	מ	ע	ו	ת	ה	נ	ת
ה	ד	ח	כ	נ	ר	ת	י	ש	ו	ט	ר	ק	י	מ
מ	ת	ו	ר	כ	י	ו	ם	י	מ	ש	ח	י	ס	·
ל	א	ב	פ	ח	ן	ס	ך	ח	ת	ה	כ	ו	ר	י
צ	ת	י	ו	ש	ו	פ	ר	פ	ס	מ	ה	ד	י	ב
מ	ע	ד	י	י	ג	ו	ו	ט	ל	א	ש	פ	ק	מ
ב	ת	י	ה	ב	ב	ג	א	ח	ב	ש	מ	ז	ל	ג
כ	ד	ח	ף	ת	ן	ל	נ	ג	ת	י	ש	נ	ו	ל
א	ו	פ	ב	א	מ	א	ר	א	נ	מ	מ	י	ו	ש
ב	ל	ו	ק	ן	י	מ	ו	ב	ם	ה	ט	ע	מ	ק
ר	ח	נ	ל	כ	ה	מ	ב	ע	ב	ת	ה	ח	פ	ף

בלוק
מתייחסת
נשית
ידע
תורכי
לשקף
המספר
חשיבת
שאל
ספוג

אורך
צעיף
מאשימה
פעמי
מצלמה
שוטר
מזלג
נכחדה
זכאית
שמים

Puzzle 58

מ	ה	נ	נ	ו	ט	נ	ן	ט	ו	ג	ת	ב	ב	ח
ב	ו	ח	ל	ו	ל	ש	ל	י	ח	ה	ל	ב	ל	ל
ו	א	מ	ש	ה	ק	ח	ש	מ	ל	כ	ת	ר	א	ק
י	ש	ד	ב	ר	ז	ח	ב	ר	ת	י	פ	כ	נ	ה
ק	א	ש	ו	נ	ה	ד	ב	ד	א	ר	ר	ת	ש	א
ח	נ	ה	ר	ה	פ	ל	מ	ב	ח	ה	ש	ב	ב	י
ו	ן	ג	ק	י	ע	ו	ל	נ	ל	ה	מ	י	ד	ט
ן	ע	ש	י	ר	י	ו	פ	ם	ו	ב	י	נ	י	ת
ע	ו	י	י	ך	ת	ד	ו	ו	ב	ת	ת	ע	ו	מ
ו	א	ה	ק	כ	ד	ר	ו	א	א	ב	ב	ו	ק	צ
ל	ר	ה	פ	ס	ת	מ	י	ו	ר	ר	ח	ח	ם	ו
ח	י	א	א	ק	ח	ד	צ	פ	ח	ד	י	ל	ד	ה
ץ	ש	י	ק	ו	ל	ש	ת	ו	ת	ת	ו	ת	מ	ו
י	פ	ל	ה	א	נ	ד	א	ם	ר	ח	נ	ו	ס	ם

ולשתות
אשת
קאפקייק
משחק
ההישג
לחץ
להחיל
קלט
עשירי
עניבת

רשמית
הנושא
חברת
בברכת
ילדה
נחמד
לשבור
הזדמנות
לשלול
בדיוק

Puzzle 59

נ	ע	ב	ר	ל	ב	ק	י	י	א	ס	מ	מ	ד	י
ח	מ	ש	ת	ס	ע	ן	ו	ק	י	ת	ת	ר	ט	ה
ד	י	ת	כ	ל	ו	ה	ת	ס	ק	ל	ק	ש	ד	ה
ש	ת	ה	ר	ו	מ	ח	ר	ע	ו	ב	ב	ר	ע	ב
ה	י	ש	ל	ח	פ	ת	א	ו	ם	ס	ו	ש	ת	ו
פ	כ	כ	ג	א	ל	ת	ר	ן	ו	מ	ע	ע	ר	ח
ה	ר	ו	י	מ	ג	ו	ה	ו	ת	ם	ה	פ	ו	ר
ח	ס	ס	ל	י	פ	כ	ה	ל	ד	ס	ע	ו	ת	נ
י	נ	א	פ	ל	מ	ו	ו	ב	ל	מ	ב	ח	ן	ן
ב	ל	ת	ה	ו	ת	ל	כ	י	ו	ש	ר	ל	ד	א
ו	ש	ל	ל	ו	ה	ו	ע	פ	ב	מ	ה	י	ע	ו
ן	ב	ו	נ	ק	מ	ל	ו	ה	י	מ	ב	ב	ב	ו
ש	ל	ו	ב	נ	ת	ד	ד	ו	ו	ר	ו	ג	ח	ג
ל	ד	ו	ב	ה	ב	ג	ף	ב	א	י	ג	י	א	ק

יותר
להכפיל
להפליג
הולכת
תיקון
דוור
קבוע
פתאום
חדש
בערב

הכוללת
מדף
לסלוח
סוס
עשר
קבל
שדה
שלו
רחוב
חמורה

Puzzle 60

ל	א	ה	פ	ו	א	י	מ	ם	ש	ו	א	ה	ב	ק
ת	ק	ו	ע	ל	י	א	ו	פ	ר	ו	ר	ש	ג	מ
ל	פ	ר	ב	מ	ו	א	ב	ד	א	ב	פ	ב	ד	י
ח	נ	ו	צ	ה	ת	ו	ע	ל	צ	א	ת	י	י	נ
ק	ת	ד	א	ף	מ	ש	י	ה	א	ג	ן	ע	ח	ר
ו	פ	כ	כ	י	ס	ב	י	ו	ס	י	ל	י	ב	ו
ר	פ	י	ס	כ	ר	כ	ק	ג	ל	ש	י	ת	ן	ז
ו	ה	כ	ה	◌	ק	ה	נ	ה	מ	ש	ו	ע	מ	ם
ק	ש	ד	פ	ג	מ	ן	ע	ת	ח	ם	ר	ן	י	מ
ו	ל	ב	פ	א	א	י	מ	פ	ם	ש	ה	ו	ם	מ
פ	ר	א	ק	ח	י	ה	י	נ	ו	נ	ת	ו	ו	פ
ה	א	י	ל	י	ו	ו	ב	◌	ש	ר	ת	כ	פ	י
ת	ש	ו	ב	ת	ם	ק	ט	ו	מ	ד	ה	ב	ת	ו
פ	ח	ק	ר	ם	נ	ר	ח	ש	י	צ	ת	ו	ו	נ

בגדי
קופה
בכה
מסרק
רפואי
כיף
לצאת
לתל
חיפוש
סיפר

כדור
גישת
המשועמם
איות
איום
השביעית
לקרצף
תשובת
אצבע
לחקור

Puzzle 61

א	ט	ל	ס	ק	ו	פ	ד	י	י	ה	ו	ד	ק	ל
ה	ב	ה	ת	ל	ב	ו	ב	ר	ר	ל	פ	ו	ח	ף
ע	ל	ן	נ	ן	י	פ	נ	ה	ד	ט	ח	ס	ס	ת
ר	ם	ד	ו	ק	ו	ח	ה	ָ	ר	ו	י	ח	ק	ה
ך	ע	ג	ר	י	ה	ל	ה	ם	ש	א	נ	ה	ל	ת
ב	ר	ה	ת	ס	צ	ו	ח	ר	א	י	ת	ת	ז	ט
ד	ב	ג	א	א	ו	ש	ב	מ	ע	נ	ב	ח	א	א
ט	ם	ו	ר	ת	ל	ה	א	ח	ו	ד	מ	פ	ו	ו
ח	ע	ז	ק	ה	ו	ע	מ	ר	א	ו	ג	ת	ה	ח
ף	א	ו	ן	ר	פ	כ	ס	ג	ח	ל	ו	ע	ת	ת
ל	ל	ק	מ	ס	ו	כ	ן	ע	י	פ	י	ו	ש	ב
ע	י	י	ה	א	ח	פ	פ	ג	ו	י	ן	א	מ	מ
ק	ר	ל	ו	י	ו	א	א	ל	ק	ן	ו	ב	פ	ש
נ	ר	ח	מ	ו	ש	ר	פ	ר	ף	ף	ה	נ	ד	י

תנור
אחיו
הפסקת
יושב
דולפין
שרפרף
בבוקר
קודם
אבן
לתרום

האח
היי
הרי
זוג
טלה
סוכן
טלסקופ
ערך
רגע
להירגע

Puzzle 62

ו	ן	ו	מ	ע	פ	מ	א	ע	ל	ח	ש	ס	ו	א
ת	כ	פ	א	ש	ו	ג	ש	מ	ג	ת	פ	ח	ר	ס
ר	א	ה	ז	מ	נ	ת	ד	ד	ל	ו	א	ל	מ	נ
ז	ה	ה	ו	ל	כ	י	ם	ל	ג	ל	ת	ף	ב	י
ב	א	ל	מ	ש	פ	ט	ו	י	א	א	מ	ד	ו	ת
ק	ח	ח	ב	מ	א	נ	ל	פ	ר	ב	נ	ו	ה	ו
כ	א	י	י	ר	י	נ	צ	ה	ת	מ	ר	ד	מ	ח
פ	י	מ	ע	ר	ב	י	ת	ע	ג	ת	ר	ב	י	ה
מ	ר	ן	ל	ש	ר	מ	ל	מ	ל	ר	ו	ד	ב	ש
ג	ד	ל	ב	ל	נ	ו	א	ו	ד	ב	ג	מ	ד	ר
ע	ח	י	י	ל	ט	ד	ע	נ	ו	י	ס	ר	מ	ת
ה	ר	צ	ה	ט	י	ש	ו	ב	ש	כ	ח	ק	ת	י
ל	ן	ר	א	ב	מ	י	ג	ה	י	ק	ק	א	י	ש
ו	ה	ל	ל	מ	כ	ת	ק	ם	י	א	מ	ל	נ	פ

דשא
פעמון
למדי
זהה
יבש
הזמנת
מלא
ניתוח
מסכים
שכח

גלגל
שבדור
דומיננטית
דליפה
מערבי
למשפט
רשלן
הולכים
תצלום
חתול

Puzzle 63

ש	ד	צ	ע	ה	כ	א	ד	נ	פ	ל	ה	ו	א	כ
ע	י	ף	ח	ו	ו	◌ֹ	ו	ד	י	ו	כ	ר	ו	ו
מ	ל	ה	י	מ	ל	ט	צ	י	נ	ו	ר	מ	ו	ו
ב	נ	ח	ת	מ	ל	י	ו	ל	ה	ה	ח	ו	ר	מ
ן	ס	י	נ	י	ז	פ	ל	פ	ע	מ	י	ם	ו	י
י	מ	ב	נ	כ	מ	ו	ת	ו	ת	ו	מ	ו	ת	ט
ח	נ	ג	ד	ת	ת	ל	מ	ל	ע	ל	ר	ן	נ	ע
י	ת	ה	ה	ד	ע	ס	מ	י	מ	ע	י	מ	ן	ו
ד	ד	ש	י	ל	ל	י	ת	ט	ו	ו	י	מ	ד	צ
מ	ר	ו	כ	ו	ו	כ	ז	י	ו	ב	י	ש	א	ר
ר	ם	ש	ג	ה	מ	ו	ב	ר	א	ד	י	ל	ז	ו
ה	נ	ו	ן	ו	מ	ל	ר	ו	ד	ת	ו	ע	ה	ל
ר	ה	ן	ב	ב	ו	ן	ה	ו	ב	ר	ם	ד	ש	ו
ק	א	ן	ש	י	ו	כ	ר	י	כ	ה	ל	ן	י	ו

זברה
צינור
מזל
פוליטי
עדן
ענן
להימלט
ראשי
טיפול
להכיר

כולל
הכרחי
יחסי
עובד
הולדת
כמובן
לפעמים
מסעדה
גשם
ולא

Puzzle 64

ו	מ	ם	ן	צ	ת	ו	נ	ר	ב	י	צ	נ	ו	ל
מ	ע	מ	פ	א	ח	ה	ת	ה	ל	ש	מ	ק	ב	פ
ח	ר	ו	מ	ת	ד	י	י	נ	ע	ה	ס	י	ר	ס
א	כ	י	ר	ל	ע	ש	כ	פ	א	א	ב	ה	ו	ג
ף	ת	ו	ש	ב	י	ן	ה	ו	י	ן	ת	פ	ו	ה
מ	ק	צ	ו	ע	י	ץ	ו	ג	ה	ע	כ	מ	ז	כ
ג	י	ל	י	ו	ן	א	ו	ם	מ	ל	נ	ש	ג	ע
נ	ג	ח	ס	ו	ב	ל	ס	י	ג	ת	ח	י	ה	א
ל	ר	נ	נ	א	נ	כ	ר	ב	ף	ב	ל	ש	ה	ל
י	צ	ה	ן	כ	נ	י	מ	ט	ר	ג	י	ה	ת	ה
ו	פ	ל	ם	מ	מ	צ	ל	נ	ל	פ	ה	ת	ע	ו
מ	ד	ו	מ	ח	ו	ו	י	ד	ע	ת	א	ל	ע	ה
נ	י	י	מ	ת	א	ב	ב	ש	נ	ר	י	מ	י	ת
ב	ר	ו	צ	מ	ר	י	ן	מ	י	ה	ח	י	נ	ו

דעת
הבא
התה
מקצועי
הישן
שיש
שלה
ברווז
טרגי
להוכיח

ניידת
העלאת
מערכת
ממליץ
פסגה
נכתב
שותף
גיליון
שמפה
נקיה

Puzzle 65

נ	ע	ת	י	ב	ך	א	ב	צ	ק	ר	פ	ד	ת	ל
ש	◌ׁ	ו	·	נ	ר	ָ	ה	ו	א	ק	ג	ג	י	ה
ג	ו	ח	ח	ו	ב	ע	א	ש	ו	ל	ו	ס	פ	ו
פ	פ	ב	ל	ו	ל	א	כ	א	ל	י	פ	א	ח	ט
נ	ר	ק	ו	ל	י	ו	י	ר	ת	ה	א	ו	י	ד
ה	מ	כ	ל	א	ח	ב	ר	ד	י	ד	ש	נ	ר	א
ע	ד	כ	ב	ד	ת	ו	ל	ז	מ	פ	כ	י	ב	נ
נ	מ	א	ו	ג	ה	ו	ס	ר	מ	ר	כ	ס	ג	ח
מ	ן	ר	ת	נ	ל	ח	מ	ו	י	ב	ב	פ	ר	צ
מ	ל	ל	כ	ב	פ	י	ת	ג	ב	פ	ע	מ	ח	א
ק	ת	ח	ז	י	א	נ	ל	ל	ק	ר	ה	ה	ן	י
ו	צ	ע	פ	ר	א	ה	ה	ב	ת	ס	ה	א	ר	ת
ם	י	ע	י	י	ף	ל	ע	י	נ	ו	ן	ל	ו	ס
י	ל	ד	י	ו	א	ה	ו	ו	ו	ר	ל	ה	ת	ל

אלה
ושאר
חתלתול
הרס
כבד
קרפדת
נגד
ממקום
קרה
להניח

ילדי
עייף
שׁוּנְרָה
כתוב
חצאית
לברך
להתחיל
להוט
נפגש
להשיג

Puzzle 66

ח כ ס ח ם מ פ פ ת ת ת מ פ נ ו
נ ם מ א י ש י ל ש ם י ד ב ו ע
ב י ו ת ר ל ר א א ה נ י י ה ת
ו ג ת ר כ מ ה ע ה מ ע ה ט ס ר
ר צ ט י ו מ ד ש ת ל מ ע כ י ב
כ י ל ד מ ב ן ג ן נ מ ל פ ב ע
י י ל מ ו ו ת ז כ ר מ ל ו כ ה
ד מ ר ר א ב ו כ ו ל נ ר ג כ
י מ ה ג ג נ ב ם ל ו ו י י ת ן
מ כ ו נ ת ח ל י ף ה ל ל נ ה ד
י מ ם ר ה צ ג נ צ ו ו ם ת ו ח
מ צ ת ם י ר ז ו מ א ה ו מ ו נ
ר ת ו נ ת ג ו מ מ י ב פ ר ט ל
ב ה ך ה ד ה כ ש י ו ו ל ו ע ל

העברת
כביסה
עובדים
ביותר
מרכז
תרגיל
מכונת
שמונים
תוך
לווייתן

מוכרים
תחליף
שלישי
תהיינה
דבורה
חותם
מוזרים
כרוב
מייצגים
מודל

Puzzle 67

ר	ח	י	ע	י	ע	א	ד	כ	י	ן	ה	ש	י	א
ת	י	מ	ת	נ	ה	ע	מ	ו	ה	א	מ	פ	א	ר
ו	נ	ו	י	ז	מ	נ	ת	ו	ת	א	א	י	ו	ס
י	ג	ו	ב	ע	ע	ח	ג	צ	י	ג	ו	ה	מ	ח
ל	צ	י	י	ר	ו	ר	ח	ש	כ	ס	כ	ד	ד	נ
ו	ה	ע	א	ת	מ	א	ב	ב	ר	כ	ו	ת	פ	א
ק	נ	נ	י	ו	ר	ב	א	ז	ן	נ	ג	ו	ת	ג
ו	י	ן	ל	ע	פ	ר	י	ב	ו	מ	ע	ר	ת	ה
ר	ד	מ	ב	ל	ס	כ	ד	פ	ר	ע	ו	א	ת	ן
ב	מ	ה	כ	ת	ו	ת	ה	ו	ת	ר	ע	י	ו	ן
ב	ו	ש	י	נ	ג	ר	י	ר	י	א	ג	ו	ר	ת
ר	כ	ו	ח	ן	ס	ו	ו	מ	ה	נ	נ	ב	ם	ר
ף	ת	י	י	ע	י	י	ש	ט	י	ל	ש	ח	ב	א
ל	ז	ר	ו	ח	י	ש	א	פ	ל	◌	ת	ה	א	ף

Puzzle 68

ל	א	ו	פ	ו	ה	ר	פ	ף	י	ל	פ	ד	ש	נ
ל	ה	נ	ו	מ	נ	פ	ת	ס	ד	מ	י	א	ל	מ
י	י	ת	י	י	י	ת	ע	ן	ק	כ	ב	ל	י	י
י	ת	ק	נ	ם	ב	ת	ם	י	ט	ו	ל	ב	ו	ת
ט	ח	ע	ע	ג	ג	ד	ב	ו	ל	ו	ב	ן	מ	מ
מ	ח	ז	ת	י	ד	ק	ח	ר	ה	ה	ו	ו	ל	ש
א	ר	נ	כ	ג	י	ר	י	ת	י	צ	ו	צ	ו	ד
י	ד	ן	ת	ף	ש	ט	ו	ם	נ	ב	ם	ת	ל	פ
ג	ר	ת	ף	ו	ב	ע	ח	ר	פ	א	י	כ	א	ם
פ	מ	ו	ק	ח	כ	ו	ג	ר	כ	י	מ	מ	ה	א
ב	ג	כ	ן	ל	ש	פ	ב	כ	ח	מ	ל	ל	ב	א
ה	ד	מ	ו	ק	ר	ט	י	ו	ג	ל	ג	מ	י	ו
ס	י	ס	מ	ע	ל	פ	ב	ל	מ	א	ר	א	ה	ב
ל	צ	צ	א	י	ק	פ	י	צ	ה	ד	ר	ע	ע	ן

גבינה
להתנגד
רפאי
אמון
יצוצו
שלווה
בלוטים
מונה
גירית
שליו

הפעילה
חגב
רגליים
טחנת
הדמוקרטי
קפיצה
פרה
זעקת
כבשי
סמכות

Puzzle 69

ב	ד	ה	נ	י	מ	א	מ	ח	ר	ה	ב	ה	ה	ח
ם	ס	ה	ה	פ	ו	ר	ת	ו	א	ת	ו	ר	ד	ס
ת	ו	ט	ד	נ	ה	ו	נ	ש	ך	נ	ל	א	ו	ר
א	מ	ן	י	ס	ר	י	א	ש	א	ה	ע	מ	ח	ת
ו	א	ר	ה	כ	ו	מ	נ	ת	ח	ל	ת	ח	ל	כ
ו	ה	ך	ש	מ	ה	ב	ח	י	ל	ו	מ	ק	ה	ם
ה	ל	י	ו	י	ו	ו	ב	ו	א	ת	ר	נ	ו	ת
מ	ת	ס	ד	ח	ר	ל	י	ו	א	י	פ	ג	א	ז
נ	ת	ה	ש	א	ו	ו	ל	ו	ו	נ	ר	ו	ו	·
י	ו	ו	נ	ן	ק	ט	ד	צ	ג	ל	ן	ר	ב	ב
ב	ת	ר	ה	ב	ק	ר	ק	ע	ת	ט	ם	ו	ד	ב
פ	ב	י	ו	א	ו	ה	ב	ב	ו	ק	ל	י	ל	ל
ל	ב	מ	ת	ל	ט	ו	מ	מ	ע	ה	ת	ו	א	ר
ו	ב	צ	נ	ה	ו	ל	ם	ת	ו	ח	י	מ	ו	ר

הוא
תרופה
מאה
מלך
התנהלות
קרקע
הורי
ארוחת
בהמשך
קנגורו

מוטלת
נמוכה
לוטרה
ואוהב
מאמינה
איריס
הקטלנית
מוסד
חסרת
חוששת

Puzzle 70

ש	ב	ח	ס	ר	ר	מ	ר	א	ג	י	ס	ד	י	י
ו	נ	ש	י	ק	ה	נ	א	ת	ך	ר	י	ו	י	ו
נ	ו	ן	ס	ו	נ	ש	ת	ו	ה	י	ר	ב	ו	מ
ה	ד	צ	ב	ת	ע	ב	י	ס	כ	ש	ת	ה	נ	מ
ק	ו	ו	ע	מ	מ	מ	נ	ה	ג	ז	ק	י	ה	ע
ב	י	ד	ג	מ	ג	ו	ו	מ	א	ו	ב	י	ס	ט
א	ו	ז	נ	י	י	ם	ק	כ	ב	י	ל	ר	ע	י
ת	ג	א	מ	ל	א	פ	נ	ב	ב	ו	ט	ו	נ	ה
כ	ר	י	ש	ת	ו	ר	נ	י		נ	י	ח	ב	ד
ס	י	ט	ת	ו	ד	י	ו	ש	מ	מ	ו	ו	ו	ל
ר	ף	ע	נ	ר	י	ט	מ	ב	י	ת	ן	ת	ש	ו
ן	ו	צ	ה	פ	ש	ע	י	מ	ל	ו	ד	ל	ת	נ
ל	ש	כ	נ	א	ן	י	ב	ו	ג	ר	ת	ו	ר	ף
י	פ	ל	ו	ל	ו	ר	ה	ת	ע	מ	ו	פ	ו	ו

מאוכזב
בסיס
מתוק
סגול
סירת
נשיקה
אודישן
כרישת
אבקה
כביש

תינוק
שקיעה
נולדה
יניח
פריט
שונה
בוגר
אוזניים
בצד
מענה

Puzzle 71

ו	ה	ד	י	נ	ו	פ	ל	פ	ב	י	י	ן	ל	ג
ו	ת	ת	ו	י	ו	נ	ת	ה	מ	ר	ר	ה	פ	ח
ה	א	פ	ש	ר	ו	ת	ס	ב	ד	ב	ן	ד	ע	פ
מ	ו	נ	ח	י	ם	ש	ר	ד	ב	ח	ל	ש	נ	מ
ת	ר	ר	כ	ה	ר	ו	נ	מ	ר	ל	מ	ר	א	ק
ד	י	ן	מ	מ	ו	ר	ו	נ	ה	ץ	ו	ו	צ	ס
ש	ה	ת	ו	ו	ר	ן	כ	ע	ר	י	ב	צ	מ	ר
מ	ל	ו	ק	ח	צ	ו	נ	ו	ע	ק	ת	י	ו	ו
ע	ס	נ	ה	ר	ן	י	כ	ה	ס	ה	ה	ל	ה	ה
א	י	ו	ח	ה	ש	ר	א	ת	ח	ג	ה	ש	ש	י
ן	כ	נ	מ	ר	ל	ו	כ	ל	ח	ר	ב	כ	ו	י
ס	ו	ו	ק	מ	ת	מ	ש	ח	ר	ו	א	י	ה	י
צ	נ	ר	ם	נ	מ	ס	י	ו	ת	ר	ר	ה	ב	מ
י	י	ת	י	ח	ך	י	ח	ו	ת	פ	ל	ל	ע	ת

מונחים
צחקו
התאוריה
האפשרות
הקיץ
להיכשל
ליצור
במדבר
נכון
מנורה

לפתוח
לסיכוני
לכול
נשלח
מאובק
להעניש
סמור
שמע
השראת
סערה

Puzzle 72

ע	ר	ע	ו	ת	נ	ר	מ	ד	נ	ה	נ	ו	ת	ח
י	ו	ד	מ	י	ב	ע	ן	י	ו	ל	צ	י	ו	ח
ע	ח	מ	נ	ו	ן	נ	ת	ב	ש	ד	ו	ב	א	ר
ק	ש	ת	ה	ל	י	ל	ב	ו	צ	י	ע	ג	ע	ג
ק	ב	ר	ל	מ	י	ן	ו	ח	ם	ל	ל	ל	ק	ת
צ	ה	כ	י	א	פ	ו	ר	ו	י	ו	ל	י	מ	א
י	נ	ו	ו	ו	מ	ע	ע	ו	ש	נ	ס	ו	כ	י
ן	ה	ש	נ	י	ק	י	ת	ע	ו	פ	ה	ל	ש	פ
א	ד	ו	ר	צ	ח	ל	י	ר	ל	א	ת	ג	א	ס
ס	ו	ח	ו	ד	ש	ה	ר	ן	ש	ת	כ	א	פ	פ
ה	נ	ה	ו	ן	ע	י	י	ל	ט	ט	ה	◌	ע	א
ר	ל	ח	ה	ב	ך	ש	פ	ח	ח	א	ת	ו	ב	ו
ו	ת	י	ר	ו	ר	ו	ש	ו	ה	ו	ע	מ	נ	ת
ם	ה	צ	י	ד	נ	ע	ס	א	א	ד	ר	ק	פ	ד

גלוי
בלילה
השני
חודש
תערובת
חתונה
מילוי
אתגר
לגבי
שפירית

לחצר
מנהל
הצבעת
בחינה
קצין
קמפיין
עדר
קשת
עיצוב
שלושים

Puzzle 73

א	ן	ד	ה	י	ד	ח	א	ה	ח	ד	פ	ו	מ	א
ל	ת	י	נ	ו	מ	ו	ו	ג	א	י	נ	ש	ס	ט
פ	ל	צ	ד	י	ח	ו	מ	ר	ק	ז	ו	ט	מ	ל
נ	ן	ת	י	נ	י	צ	ר	ו	ג	ל	ר	מ	א	מ
ב	י	ש	י	נ	נ	ו	ש	ע	ש	ט	ע	ג	ל	ח
ה	י	פ	ו	פ	ו	ט	ם	נ	ג	ל	ש	מ	ע	ז
מ	ז	ו	י	ס	ח	ל	ב	י	ע	ת	ד	ל	פ	ו
י	א	ה	ו	ב	ר	צ	ה	ל	ה	ע	ר	פ	ה	ן
ל	ע	ת	י	ת	ג	ת	ה	ה	ן	ו	י	צ	ל	א
ת	ה	א	מ	א	פ	נ	ק	ש	מ	ל	ע	צ	מ	י
ר	ב	ך	ש	נ	ה	י	מ	א	ש	ח	פ	ו	ד	מ
ע	ס	י	ב	ר	ח	ס	מ	י	ר	ם	ו	י	מ	צ
ו	י	ו	כ	ג	ת	ח	ס	ל	י	ר	ח	מ	ן	ג
ר	ח	ק	צ	ש	ל	ל	ת	ו	ו	ת	ב	פ	ב	◌

אסטרטגיה
הגרוע
מילת
חלב
סבתא
להשאיל
נשך
ציד
רצה
שטח

אהוב
מונית
ציון
משולש
היפופוטם
חומר
הפרעה
פלדת
חזון
רצינית

Puzzle 74

ל ל ג ע א ש ד י כ ר ל ח ר פ ל
ק ו ן ז פ ו ן ק מ ע מ א ה ע ו
פ ל ר כ מ ה ל ש י ב י ס ר ג א
ל ח א ק ד י כ ה ד י א ח ח ד ר
ו נ מ ס ר פ ו ת ו ל ע ה ד ו מ
י ח ן ש ה ר ו ד כ י ו צ ו ר ר
ט ו ג מ מ ג ס ש ה י ר ד ח י ח
צ ו ב א ע ו א ד ו נ י י ל י ש
פ ל ר ה נ א כ כ ל ת א ת ו ל ב
ה ח ה ב י ג ע צ ו ם ל ו צ ש ו
מ ד נ ו י ה נ ב ש ג ר נ פ ב ן
כ ע ו ב ן ה ר ב י ע י ה י ת ש
ו י מ ה ל ת פ ו ס ן מ ק ו ר י
ח מ ח ש נ ב מ צ ת ש מ כ ש ם ד

דור
הרביעי
לתפוס
הגאוגרפיה
טיול
לקפל
לשבת
חשבון
קשה
שכל

תרבותי
העלות
המעניין
אדוני
אירוע
ירוק
אגרסיבי
עצום
בובה
נרגש

Puzzle 75

ן	ב	כ	ה	ח	י	ם	ן	ק	ן	ל	א	ע	ט	ב
ה	י	י	ה	א	ה	ע	צ	ו	י	ל	ו	ד	צ	ו
ת	ו	א	י	צ	מ	ה	ל	ן	ח	ב	מ	ו	ר	ס
פ	ד	ל	ו	ק	ו	ש	ע	ע	ש	י	ר	א	כ	ו
ר	י	ס	ת	ל	ת	ז	צ	ח	י	ת	ה	ר	ק	מ
ק	י	י	ג	ק	י	ש	ב	ט	א	י	ה	נ	מ	נ
פ	ו	ת	ו	ט	ש	ל	ן	כ	ו	ר	נ	י	י	ב
ת	ד	ו	ב	ע	ס	פ	מ	ד	ע	ח	י	ו	ו	ר
ע	ת	ג	ל	ת	ו	י	ו	נ	מ	ו	י	מ	ח	ן
ג	ת	ו	ש	ח	א	ש	ע	י	ם	ה	ל	ש	ד	א
ל	י	ו	כ	ר	נ	ו	ו	ו	ס	מ	י	ץ	ו	מ
ו	ו	ס	נ	ו	ו	ו	א	ח	·	ח	ע	ו	ר	ק
ט	ד	י	ע	ו	י	י	א	ו	ו	ו	ר	ח	ח	מ
י	מ	צ	מ	א	ם	ן	ר	מ	צ	ב	ק	מ	א	ב

מיומנויות
מקרה
מרחק
ירח
שוקולד
מיץ
פרק
קצה
בצורת
מציאות

נברן
מיוחד
מבחן
לשכנע
מחוץ
לשטות
לעצבן
שלהם
עשיר
עבודת

Puzzle 76

נ	י	ה	ר	ק	י	ן	ן	ו	א	מ	ד	ע	א	מ
ח	ש	ש	א	ה	ש	ק	ת	ל	ם	י	נ	ח	ו	ב
ש	ב	ע	ש	ד	ר	ת	ל	כ	ת	ל	מ	ד	כ	א
ג	נ	מ	ע	ד	י	פ	ה	ב	ח	ג	י	נ	ה	ק
ו	ח	ל	י	ו	ד	ר	ל	ס	ר	ו	ד	כ	ח	ד
ל	ש	א	ע	ל	ג	ה	מ	פ	ק	ד	ד	ו	ל	מ
י	מ	ה	ה	ג	ה	ו	ו	א	ח	ש	ל	ע	ש	י
ו	ה	א	פ	ן	ל	מ	ן	מ	מ	י	י	ד	מ	ו
ב	ח	ת	נ	נ	ב	א	ו	ל	ם	נ	ר	ב	פ	ת
ר	ט	ס	ו	מ	ו	ח	ם	ו	ת	כ	ף	ר	צ	ל
ע	ה	ו	י	ח	ו	ד	ה	ב	נ	ז	ג	ו	ר	ב
נ	ו	ע	ד	ת	ו	ל	ת	ו	ש	ל	ו	ג	ו	מ
י	ת	ת	מ	י	ל	י	ן	ה	ה	ת	ג	י	ן	ת
ש	ש	א	י	ד	ד	ו	ס	י	ע	ט	נ	ש	ח	ד

אקדמיות
כדורסל
לצרף
נחש
נתח
חומוס
באולם
ברוגז
מעדיפה
חולים

למעשה
בוחנים
כתום
יקרה
מחקר
להגדיר
לחמש
הרפתקן
ישב
משלח

Puzzle 77

מ	כ	ו	ל	ה	א	מ	כ	ן	י	ע	ג	ב	ה	ה
ר	ד	י	פ	ז	א	ש	ד	מ	מ	ל	ו	ת	א	פ
ק	ט	כ	ר	י	ך	ח	ו	ב	ר	י	א	ו	ת	ה
ק	ח	ח	פ	ס	ה	ל	ט	י	פ	ו	ס	מ	א	ז
ת	י	ב	ה	ו	ו	ו	א	ל	י	ף	מ	ד	נ	ה
ת	ש	פ	ל	פ	ל	ם	ר	ה	ת	י	כ	ב	ג	ג
ו	ש	כ	י	ד	ד	א	מ	ר	י	ק	נ	י	ש	ה
ק	ו	י	י	ש	ת	ב	ו	ה	ר	ש	י	מ	ה	י
ר	ח	פ	י	ו	ו	ה	ו	י	ה	ה	פ	ו	ו	א
י	ת	ו	ב	ל	י	ת	י	ל	ג	נ	א	ל	י	ד
פ	ח	מ	ח	ח	ח	י	ל	ה	ח	ק	ס	י	ר	ו
ם	מ	ו	ב	ן	ר	ג	ח	א	ע	ג	י	צ	מ	ס
ח	נ	א	ר	ל	ר	א	מ	ם	י	ב	ש	ל	ה	ש
מ	ל	ש	ה	ר	ח	ח	ד	ה	כ	ם	ר	פ	ש	מ

לצילומי
דמות
חוששי
בחברה
בריאות
בכיתה
דפוס
הגייה
טיפוס
ירקות

שולחן
רשימה
פלפל
אמריקני
כריך
הולדתו
האוסף
חלום
אנגלית
אזרחית

Puzzle 78

ד	י	מ	ק	ו	פ	א	ר	ד	פ	כ	מ	ה	צ	ר
ר	ו	ז	ו	ת	ו	א	ר	ל	ל	י	ו	ת	ד	י
א	ב	ר	מ	ב	ע	ד	מ	נ	ו	מ	ו	ז	י	ו
ס	פ	ק	ל	ר	נ	ו	צ	י	מ	ה	ב	ת	ו	ת
ע	פ	ה	ה	י	ק	ח	א	ד	ת	ת	ב	כ	ו	ב
ר	ד	נ	ם	י		נ	י	ע	א	ר	ן	ר	ק	ס
י	ב	י	ב	מ	ה	ל	פ	ת	ו	ר	ח	ת	ו	ל
ו	ר	מ	ו	ו	ח	נ	ד	ה	ל	מ	ו	ת	כ	ב
ז	י	ז	י	ב	נ	ד	ח	ו	י	מ	ב	ג	ג	ו
נ	נ	מ	פ	ר	ק	ב	ר	י	א	ס	ב	ע	מ	ג
פ	ו	ן	י	י	נ	ב	ב	נ	נ	ב	ב	ש	ח	ל
ש	ו	כ	ל	י	ש	ט	ס	ת	ר	ה	ת	מ	י	ע
ל	ו	ו	א	ו	מ	מ	כ	נ	ו	ו	מ	ג	ל	ח
ב	א	ת	ג	ו	ו	ו	ו	ה	י	ו	ב	ו	א	ק

סקרן
קאובוי
אולי
התזת
תחרות
בניין
עיניים
לחשב
בקר
מזרקה
לנצח
כמה
במיוחד
לראות
אתמול
מזמינה
ענק
תוכן
צמר
שבר

Puzzle 79

ה	ח	ה	נ	ב	מ	ה	ס	ש	פ	א	ר	ו	ש	ו
א	ל	ל	ס	א	ל	ו	נ	ש	פ	ל	ש	נ	ו	ב
י	ל	ה	א	מ	פ	ר	ס	ו	ם	א	י	כ	י	ת
ו	ש	ק	ב	ג	א	ו	נ	י	ָ	ת	ל	ש	ב	י
ח	ה	ש	פ	י	ש	ה	י	ח	ו	א	מ	י	מ	ל
מ	ע	י	ע	ן	ק	פ	ר	ל	ו	ז	ו	ס	ב	ר
ד	מ	ב	ו	ר	י	נ	ה	א	ר	ו	ד	ס	ט	מ
ר	מ	ל	ל	ו	ת	א	מ	ד	י	נ	י	ו	ת	כ
ו	י	ד	ת	ש	מ	מ	ה	ק	מ	ת	ו	ב	ה	ע
ו	ן	ו	ל	ה	כ	י	ת	ח	ה	ד	ד	ו	ב	ש
ו	ב	ג	כ	ע	ש	ל	ו	ש	ש	ע	א	ט	י	ר
כ	ח	מ	ל	נ	ת	ה	ק	מ	ח	ד	ש	ו	ו	ו
ו	ו	ו	כ	ה	ד	ת	ח	ב	י	מ	ע	א	פ	נ
י	כ	ב	י	ם	מ	ד	ל	מ	ק	ם	ב	ב	כ	י

באוטובוס
זול
שקית
מדיניות
פרסום
אפונה
שני
גודל
החתיכה
פעולת

וילון
אנפה
במשחק
להקשיב
לחקות
כלכלת
עשרוני
בודד
שלוש
במבט

Puzzle 80

ס	ח	י	ר	ה	מ	ו	ל	ם	י	ק	ה	ל	מ	א
ת	ו	צ	מ	ו	ע	ה	י	א	ל	ק	ח	ב	א	ב
ם	ל	ה	ת	מ	צ	ר	נ	ת	א	ו	ו	נ	מ	ר
י	ל	ת	ח	ט	ס	ש	ו	ו	ו	ג	כ	י	ק	ח
ך	מ	ס	ר	ר	ב	ס	פ	ל	ר	י	ל	כ	ב	ב
א	ת	ף	ח	ד	ז	י	מ	י	י	ו	ט	י	י	י
ד	ן	ס	ר	ה	ו	ו	ם	ן	ק	ו	פ	ו	ז	ל
כ	מ	מ	ל	מ	י	ח	ר	י	ב	ס	ה	ל	ו	א
ה	מ	א	פ	ל	ה	ל	כ	ל	ך	י	ר	מ	ן	מ
ו	ו	א	ח	א	ע	ח	י	נ	כ	ד	ר	נ	ו	ר
א	ר	מ	ד	ן	ל	ו	מ	ת	ס	ת	ז	ה	ר	ר
ל	י	י	נ	ר	ת	ת	צ	י	ו	פ	ל	מ	כ	ס
י	ל	ן	י	נ	י	מ	י	ז	כ	ר	מ	ה	י	ו
ל	נ	ה	ם	י	ת	ת	ו	ב	ש	מ	ק	ו	ז	י

להסביר
ירה
כלי
זיכרון
פחדנים
נמר
פטל
קיר
לרחרח
ברחבי

להצטרף
המהלך
פוני
אמין
המרכזי
מבוגרים
להקים
לחות
חקלאי
ביזון

Puzzle 81

ש ה ו מ ע ל ט ו ס ה ח מ ג ע ח
ו ה ג י ע ה ב ה א י ד ר ו ש ו
נ ח ו ש ק ג ס ר ש ב ש ס ר ר ו
ן ח ן מ ר י א ח ו ת ו י ע י ד
ו ן ח ו א ע ך י ו נ ת ר ב ם ה
פ ק ו ד ב ל מ ש ח ק י ו א מ מ
י ח ה ג ה ח ת א א ס מ ח ר ח ב
נ א מ ו ל ב ת י ו מ כ א ב א ו
ו פ ה ף ד ז ב א מ ו ת כ מ ל ל
ק ש ה י צ ל ו ג ר י ג ן ב א כ
א ד י ר מ ע י א ל ס ע ש ו ל ת
ן ל א ל ה מ ו ג ו ר ש ו ו ת נ
א ע ל י ל ו ע ק ב כ פ ל א ל מ
י פ ו ו מ י ן ת ו ר י ה מ ב

הגיעה
מראת
כאב
מסקנת
מעל
קשוח
להגיע
רעב
פינוק
במהירות

המבול
מעגלית
רגולציה
למשחק
לבדוק
אחותו
גוף
הלך
עשרים
חדשות

Puzzle 82

ל	ב	ש	ח	מ	ו	פ	ל	פ	כ	מ	ו	א	ח	מ
ל	י	פ	ע	ה	ל	כ	ח	ס	ת	ט	ת	ר	ו	ת
ם	א	כ	ו	כ	ף	ו	ל	א	ו	ב	ל	ס	ש	ר
ח	ר	י	ג	ל	ש	מ	ו	מ	ח	ה	ח	ק	ב	ב
י	ז	ן	ר	ה	ת	י	נ	כ	ת	י	ל	י	י	ה
מ	י	ק	ד	ש	ב	ח	ו	נ	פ	י	ו	ר	ם	ו
ל	ו	ו	ו	ת	מ	ס	ר	ר	ת	ד	ט	ה	ע	ו
ש	ה	ע	ס	ת	מ	מ	ג	ב	ה	ד	י	ו	ב	י
ס	ו	ת	מ	ף	ת	י	ו	נ	ש	ר	ן	נ	ט	ו
ד	ח	נ	ו	ג	ב	ו	ה	ה	ו	י	כ	ו	ל	ת
ו	ה	ו	ל	מ	ו	ל	פ	ת	ח	ן	ק	ו	ח	ו
נ	ו	נ	ח	ו	ק	נ	כ	א	ת	ת	י	י	ו	נ
א	פ	י	ת	ד	ר	נ	ו	ן	י	ע	ל	א	מ	מ
ו	א	ו	ק	ד	נ	ר	י	ד	ה	פ	ג	כ	י	א

מומחה
לחלוטין
גבוהה
יכולת
רקוב
חושבים
תכנית
מוחלט
בסגנון
התפתחות

אמנות
להשתתף
חזק
שעכשיו
לפתח
ומסודר
ראי
רגוע
סקירה
להעפיל

Puzzle 83

ה	ס	ו	כ	מ	ה	ת	ם	י	נ	י	מ	מ	ח	ב
ד	ה	ר	ד	נ	מ	נ	ה	ן	פ	א	ל	ל	ו	ד
ב	א	א	ר	א	מ	ו	נ	ל	א	נ	ז	כ	ר	מ
ת	כ	ה	ן	ח	ו	פ	ב	ע	י	ס	ר	ת	ר	ה
ל	ר	ב	ד	ס	נ	ה	ו	ה	י	מ	ו	מ	ה	ם
ן	ה	ד	ן	ר	ח	ר	י	י	ו	ד	א	ג	י	י
פ	ע	מ	ש	מ	ו	ו	פ	פ	ב	י	ה	ה	ש	ק
ה	ש	י	ז	י	ר	נ	ו	א	ה	צ	י	ו	ג	י
ש	ת	כ	ל	ח	א	ו	מ	י	ע	ר	ף	כ	י	ק
א	נ	נ	מ	ג	ז	י	ן	ק	י	ק	ו	ש	ר	ל
נ	ד	ד	ו	ח	מ	ש	ר	ם	נ	ה	צ	ז	א	ח
ע	ת	א	ש	פ	ע	י	צ	מ	ח	י	ר	ו	ם	י
ש	ו	ן	י	ר	ת	ש	ש	מ	צ	ה	ת	ר	פ	ב
ה	ר	ד	י	ו	ח	ר	כ	י	ב	ת	ו	ח	י	י

נעשה
מגזין
המומיה
לאותת
היה
מציע
רכיבת
עשן
סנאי
חירום

תנופה
אורז
המכוסה
חלקיקים
רצוף
מחודד
מחדד
מינים
מלכת
חרוז

Puzzle 84

ב	ן	ד	ק	ן	נ	א	מ	א	ו	ן	ט	י	ן	י
ת	ו	ח	פ	ל	מ	ת	נ	ח	ל	י	ם	י	ע	מ
י	ל	י	ה	ר	י	ה	ז	ו	ח	ט	צ	א	י	ו
ל	ב	ו	ס	ב	ת	פ	נ	ט	מ	ק	י	ט	ו	ס
מ	ו	נ	ו	כ	ג	ר	י	ש	ו	ח	ע	ו	מ	מ
י	נ	י	מ	ן	ו	ה	ו	ם	ד	ב	נ	ע	א	ו
ס	ח	ר	א	ו	ל	ם	ל	ב	א	ר	ר	פ	ט	ף
ק	ב	ר	ק	ת	ה	ל	ל	י	י	ר	ר	נ	ו	ר
מ	ו	ר	ד	ע	מ	ר	ו	י	ו	י	ד	א	ת	נ
מ	ן	ת	ב	ד	ל	ק	ו	ס	ס	י	נ	ר	ו	ו
ל	ל	ו	ע	ו	ב	ש	ר	ל	ו	ע	ר	ו	ף	ה
ן	מ	ד	ע	ן	ר	פ	ה	ל	ה	ד	ל	ב	ת	ר
ר	ד	ב	ל	כ	ה	ה	ו	ת	מ	מ	ו	ו	ה	נ
נ	ל	י	ו	ו	צ	ח	ה	ם	ל	י	ע	ש	י	ת

בלון
מעדר
כבר
למה
טייס
ברבור
קליפים
מתנחלים
רוב
תוף

להתקרב
אולם
זהירה
חמוד
מדען
מקסימלית
שטוח
קטין
לפחות
בשר

Puzzle 85

ב	ק	א	ת	ת	ח	ו	ר	ה	ן	כ	נ	י	ם	ם
ם	ק	א	ח	ו	א	ת	מ	א	ר	ל	מ	צ	ר	ם
ד	ל	◌	כ	ן	ח	ס	צ	נ	א	מ	ל	מ	ו	ל
ך	ל	ה	ם	ן	ו	ע	פ	י	ב	ד	י	ת	ע	ב
ו	ר	כ	ק	כ	ל	מ	פ	י	ה	מ	ע	י	מ	ו
ו	ר	ה	נ	ל	ב	ן	ך	ר	ג	ו	מ	י	ש	ב
ד	י	ת	ב	ו	ע	כ	ה	ו	ו	ו	ב	ל	ק	ש
ר	ה	ם	ב	ע	ל	ה	ש	פ	י	ע	ו	ע	פ	ו
ת	א	י	ר	ק	ז	י	פ	ע	ט	ר	ר	ה	י	ק
ס	א	ו	ל	ע	ו	ל	ו	ל	מ	ר	ל	מ	נ	ו
ו	ח	ס	ל	א	נ	א	ר	ו	י	מ	ק	ר	ו	פ
כ	ג	מ	ק	ח	ו	ת	ח	ב	נ	ו	ו	א	א	פ
א	ם	ב	ח	ו	י	ת	ס	מ	י	ה	ש	ה	ח	י
ל	ו	ד	מ	ו	ו	ב	ו	ר	ח	מ	א	צ	א	ו

חור
חכם
לוח
בשוק
משקפי
נאה
ויטמיני
קריאת
המראה
מסוים

נוזל
פעלו
ולכן
בעתיד
המסוכנת
עליית
להשפיע
בנק
מעיל
ואן

Puzzle 86

ל	נ	ו	מ	ב	נ	ת	ו	ת	י	ס	ש	כ	ו	י
א	ו	ד	א	ה	י	ו	מ	נ	י	מ	ל	ן	נ	ג
ו	ר	ש	י	ה	ן	י	נ	ל	ר	ת	נ	פ	ב	פ
א	ש	ו	ל	ס	פ	א	ס	ג	ה	ו	מ	ו	ב	י
ו	ו	ו	ל	א	פ	ת	ח	ו	ת	י	ה	ף	ח	א
ב	ח	י	נ	ם	ו	י	ב	מ	ד	ך	ו	מ	ס	ל
י	ק	ה	כ	כ	ס	ל	מ	ע	נ	ב	ו	י	ם	ס
ו	ל	ת	מ	ס	ר	ר	נ	ה	ט	פ	ש	י	ר	נ
ף	ו	ש	נ	י	ד	ת	ו	א	פ	ר	ה	ה	ק	י
ה	ו	ו	ה	ו	ם	י	מ	ן	ו	ו	כ	ת	מ	ף
ה	י	ח	ב	פ	ד	ח	נ	ן	א	כ	מ	ת	צ	כ
נ	מ	נ	פ	ב	ו	ת	מ	ב	ו	ז	א	פ	ה	נ
צ	ל	ב	י	ק	ו	ר	ת	ש	ת	א	ו	צ	ח	נ
ס	ו	ב	ל	ע	נ	ה	ת	כ	נ	ף	ב	ר	ו	ל

מתכוון
ביקורת
לרתיחת
בחינם
לקח
סובל
נעל
סכם
לסמוך
סניף

נחושת
אזכור
רצפת
השווה
צפוף
מנומנמת
ינשוף
מידע
ביום
דוב

Puzzle 87

מ	ה	ת	ו	ע	ל	ת	ד	י	נ	פ	י	ר	מ	ע
ח	פ	ת	מ	ו	ב	ו	י	ע	ע	ל	ש	ן	ק	ת
ז	ת	ט	ת	ז	ש	ה	ק	ם	ן	פ	ע	ו	פ	צ
ו	י	צ	ע	י	מ	י	ד	ל	ס	כ	מ	ג	ס	י
ר	ע	א	ה	י	ח	ו	ד	ו	ד	ו	ת	ר	ל	נ
ע	ו	פ	א	כ	ה	ל	ר	מ	ת	ן	י	א	ב	י
צ	א	ם	ג	ג	י	ה	ם	ל	מ	ש	ר	פ	ע	ע
ב	ה	ש	א	ס	ל	נ	ד	ה	י	ט	י	ה	ם	י
ד	י	מ	מ	צ	פ	ב	ר	א	ע	י	פ	ע	ו	ב
ו	ו	ב	מ	ס	ו	ר	ת	י	פ	ח	ו	ל	ו	ה
ג	ו	נ	ן	ב	ב	ש	ו	מ	ע	ד	ו	ת	ן	ה
כ	נ	ן	ס	מ	ד	ע	ד	ח	ש	ג	ל	ג	ד	י
י	ת	ו	י	ח	נ	ה	מ	מ	ח	ב	מ	י	צ	ח
ס	ל	ן	מ	ר	ל	ן	כ	א	ת	ע	ת	ש	ש	מ

לספק
חצי
כיס
ארגון
פעם
עקומות
מסורתי
פעימת
תרד
מחמיאה

מושב
דודו
בשמחה
שטיח
מחזור
בדלת
מעשי
דגל
הפתיעו
הנחיות

Puzzle 88

מ	ב	ו	י	ו	מ	נ	נ	ח	ו	ו	ט	ב	ח	מ
ל	ר	י	ל	ס	ד	ה	ד	י	ו	ס	ו	ו	ל	ס
ח	י	נ	ו	ך	ל	ר	י	י	ו	ז	ו	ע	ק	ו
ו	ד	מ	ח	ר	ב	ת	ב	ב	פ	ד	ר	ה	פ	ב
ל	ה	א	כ	י	ל	ק	ו	ר	א	מ	ד	ת	מ	י
ו	כ	ל	נ	א	נ	ר	ת	ד	ו	ד	ב	ו	פ	ב
ו	ש	ה	ש	ז	נ	י	ו	ן	י	י	ל	י	ר	ו
ע	ב	ל	ק	ר	א	ת	ח	מ	ו	ס	ח	ר	ט	ב
ב	י	מ	ו	מ	ו	מ	ע	י	נ	ל	ן	ט	י	נ
ר	ל	א	נ	ג	ב	פ	י	ר	ו	ט	מ	פ	י	ו
ת	ל	ו	ו	נ	ה	ו	ד	ן	ו	ר	ָ	ב	ם	ף
ע	א	י	ם	י	נ	ו	ב	נ	ו	כ	י	מ	ו	מ
ע	ד	א	ת	ב	ט	כ	נ	ו	ל	ו	ג	י	ת	א
ב	ו	ה	א	כ	פ	פ	ש	ה	ו	ן	ו	ל	ב	י

נבונים
בפירוט
תקרית
הכל
חוזרת
נדיבות
נוף
נשק
חינוך
פרטיים

פטריות
להאכיל
בטווח
כחול
טכנולוגית
חמוס
מגניב
במלון
דודת
לבדר

Puzzle 89

ן	פ	ר	ם	כ	ק	ם	ל	כ	ד	ו	כ	ל	פ	ש
ם	ו	ד	ז	כ	ט	י	ה	ל	ל	ב	י	ג	מ	ז
ש	ד	צ	ר	ב	א	ש	נ	ע	ר	פ	ש	ל	א	י
ב	נ	ן	י	ל	מ	ל	ל	מ	פ	ה	ר	ה	כ	ף
ו	ק	ת	ר	א	י	ו	פ	ק	ו	ד	ו	ס	י	ת
מ	א	ו	ח	ר	ש	ג	ל	ו	ר	ן	ן	ת	ל	ף
א	ו	ג	ר	י	ם	ס	ר	ע	ל	ר	ת	י	ת	מ
נ	מ	ו	ק	ד	ם	ה	ר	ה	ז	א	מ	ר	פ	ת
ר	ו	פ	ו	ש	ק	מ	י	פ	נ	א	י	כ	כ	ר
ב	ל	ם	ו	ב	ד	מ	ע	ו	ו	י	פ	ת	ב	ב
א	ו	פ	נ	ו	ע	ש	ס	פ	צ	י	פ	י	מ	ה
מ	פ	ה	ו	ב	ו	ו	ט	ו	א	ל	נ	ת	ס	פ
י	ב	ל	ו	ג	ה	י	מ	ז	ו	כ	ז	ה	ב	י
ש	ה	ת	ק	ו	ד	ש	ה	ו	ד	מ	נ	כ	י	ל

להסתיר
אזהרה
קינמון
מוקדם
אוגרים
אופנוע
פנאי
ספציפי
מגיב
ללהיט

שזיף
פדרלי
כזה
מאוחר
לשים
כישרון
אכילת
הסגול
רעל
שנת

Puzzle 90

ב	ו	ד	א	מ	מ	ד	ח	ו	א	ר	א	כ	ו	ר
י	ת	ש	י	נ	ה	א	י	י	מ	ז	ר	ח	ב	ו
ט	ו	ר	ו	ע	י	ש	א	◌	ב	ה	ש	י	א	ו
א	ד	ס	ר	ט	ן	ב	מ	ו	ל	ו	ר	מ	ת	ב
ש	ו	ר	ב	פ	ו	ר	ס	מ	א	ת	ר	א	כ	צ
◌	ה	מ	ח	א	ז	ד	ס	ע	י	פ	ו	ה	ל	ו
ל	ל	ן	ת	ר	ל	י	ר	ר	ו	י	ו	ת	ל	פ
ב	ת	ח	ה	ל	י	ט	א	מ	ד	·	ה	י	ל	ק
ל	י	מ	ה	ס	ח	ר	מ	ו	ר	י	נ	א	ו	מ
ס	ו	ק	ל	ס	ם	י	י	נ	י	ע	ב	א	נ	י
ה	י	ו	ו	ה	י	ק	נ	י	ס	ב	י	ב	ש	י
ו	ל	ר	צ	ש	ק	מ	כ	ם	מ	נ	ה	ל	י	ב
ם	ע	א	ג	ח	ת	ר	ר	ה	ת	ר	א	ת	ם	ם
ט	ש	א	ת	ה	ע	ד	נ	ש	א	ד	ו	י	ס	ו

חיבור
סרטן
ביקוש
התראת
מזרח
שיעור
שינה
להופיע
ללכת
נשים

טור
סביב
חילזון
מנה
בעיניים
ערמונים
סיר
להודות
שיא
טריק

Puzzle 91

ג	ה	ל	ב	א	ת	ו	ל	ת	ל	א	ן	ו	ל	ח
ד	פ	ל	ש	פ	ו	ך	א	מ	ו	ר	ה	ו	ר	מ
ת	י	ג	ו	ש	א	י	נ	ד	י	ו	ל	י	ו	כ
י	ע	ו	ו	ן	נ	ת	ג	ו	ע	ך	פ	ו	ו	ה
נ	ת	ס	ד	ג	נ	י	ג	מ	י	ד	נ	ל	ח	ח
נ	ז	מ	ר	מ	ס	ו	ג	א	פ	ח	א	ח	י	ב
ו	ה	ב	ע	ה	ש	ד	ו	ו	פ	א	מ	ח	י	ט
כ	י	·	מ	צ	י	ש	ה	ח	ע	ה	א	ת	י	ש
ג	ר	ב	ט	ר	י	ה	מ	ר	ו	ם	ס	ָ	ב	ש
ע	ו	נ	מ	ל	ס	צ	ן	ת	מ	ע	ח	ב	צ	מ
א	י	ו	ו	ו	י	ו	ר	ד	י	ל	י	ו	ו	ר
ב	ה	מ	ל	כ	ו	ב	י	ף	ת	ת	ו	ד	מ	נ
ד	ד	ו	י	ב	ו	ק	ו	ל	ח	ו	ל	נ	א	א
א	ר	ו	ה	א	ן	ה	ך	ש	נ	ו	פ	א	פ	ו

גרב
כוננית
לפת
זהיר
מאוחרת
סולו
הקבוצה
סעיף
מסוגל
לתלות

לשפוך
למנוע
ואננס
ידני
עוגת
ארוך
אמורה
יורדי
חלון
נפלה

Puzzle 92

נ	ת	נ	ו	כ	ת	ו	י	ב	פ	ר	ד	א	נ	מ
פ	ח	א	ב	ו	ר	א	י	ו	ר	ל	ז	ל	ב	י
ת	ל	מ	ו	צ	י	נ	ר	ר	ח	ו	ג	י	ש	ה
ם	צ	ס	א	פ	מ	ר	ן	ן	י	ה	ה	מ	ט	ו
ע	ד	ב	ט	א	ו	ו	ה	ז	ל	ו	ל	ו	ע	ז
ל	ם	ם	ה	י	י	ח	ע	ב	א	ו	כ	ת	י	ת
נ	ו	כ	צ	פ	ק	ו	ש	ו	ת	ר	פ	ו	ם	ו
ג	י	ח	מ	ק	ב	ע	ת	ב	ע	י	ג	ה	מ	ת
ת	ה	ש	ץ	ה	ד	י	ו	נ	מ	ר	י	ד	נ	ו
כ	ת	ע	נ	ל	ח	י	כ	ו	ו	ן	נ	ד	ו	א
מ	ח	ו	י	ב	ה	ש	י	ג	ר	ה	ט	ב	ב	ו
י	ז	ד	ר	ר	ב	ד	ש	ג	ת	א	י	ב	ר	ל
א	ת	ו	מ	ו	י	י	נ	פ	ק	ל	ם	ס	ם	צ
ו	ש	ר	ו	ו	ת	מ	ו	פ	ל	ר	ס	א	ל	ח

כואב
הרגישה
צלחת
רעוע
חייהם
תשעה
נדיר
מחויב
אלימות
תכונת

לוחץ
דבק
להקפיא
זבוב
הגיע
טעים
תוכי
היום
תיבה
פלסטיק

Puzzle 93

ה	ל	ת	פ	ד	ח	ן	ח	ו	א	ה	ה	א	ם	ו
כ	ה	ו	ר	ס	ב	כ	ך	י	י	ח	ל	ן	י	מ
ר	ת	ב	ו	מ	מ	ג	ב	ב	ת	ף	י	א	ד	ו
ד	ע	צ	ל	נ	י	ת	ב	ל	ד	י	ו	כ	כ	ה
ב	ל	ע	ו	ב	ב	ס	ח	ל	נ	ר	ל	ס	י	ל
ד	ם	ו	ק	ח	ל	ו	ק	ב	מ	ח	ו	ל	כ	פ
ן	ל	ו	מ	ד	צ	ט	י	י	מ	ו	כ	א	ו	ש
ש	·	ב	ו	ק	ה	מ	נ	ם	ט	ם	י	ח	ו	נ
ל	ע	ו	ש	א	מ	מ	ו	ד	ר	ה	ו	י	צ	מ
ר	פ	נ	ת	ר	ל	ל	ר	ו	ת	ה	מ	ס	ע	ג
ע	ש	ש	י	ם	י	ת	כ	נ	י	ד	ע	כ	ן	ל
פ	ק	ו	א	ע	מ	נ	ף	י	ב	ג	ת	ר	ע	ק
ה	ז	ע	ג	י	ד	ד	כ	ב	ב	ר	צ	ד	ו	ו
ל	ז	ש	ה	מ	נ	ג	ו	ל	ד	ר	ת	ד	ו	ת

אור
דיג
לחייך
קערת
כאן
בקול
עצלנית
עזה
תודת
קול

כולו
להתעלם
נוחים
אקדח
שועל
מטוס
בבית
מטרת
במחבת
חריף

Puzzle 94

ו	ב	נ	ב	ש	ו	מ	י	ד	י	ר	ל	ב	פ	א
ד	ת	ר	ו	ט	א	ע	ד	צ	ף	ו	ע	א	ס	א
ח	כ	נ	ו	ק	ע	ו	ק	ה	ה	ק	ו	ר	י	ו
ד	מ	ל	ו	ר	ש	פ	ח	ל	ע	נ	ר	ב	ק	ו
י	צ	א	ד	מ	ת	ה	ו	ר	ו	ו	מ	ע	ה	נ
ן	כ	ל	ט	ל	נ	פ	נ	ף	ת	ל	ל	ו	ש	ס
ש	פ	ו	ת	ת	ר	ב	ו	ת	ג	ל	ו	ב	ו	ס
ו	ג	כ	נ	נ	נ	כ	פ	ו	י	ה	ל	י	כ	נ
ו	ל	א	י	י	נ	נ	ם	ט	נ	ע	נ	ב	ש	כ
ח	א	ל	פ	ח	א	ר	ן	ק	ה	ד	ה	ת	כ	ל
ל	ג	ד	ס	ב	ן	ה	נ	ר	ו	ו	ה	ן	מ	ר
נ	ר	ב	ט	מ	ר	ו	ה	א	ח	ה	א	מ	ת	ו
ו	ה	י	צ	א	ח	פ	צ	ת	ר	ב	ג	ו	ל	א
ס	א	ו	ן	י	נ	ר	ב	ר	ח	ו	צ	נ	ש	ר

לחפש
אמת
שפות
מבחינת
תרבות
כנס
מתנהג
ברור
עוף
נוקשה

ספינת
רקטות
פסיקה
רוקנו
בארבע
לנפנף
בהודעה
מכתב
גלובוס
לאכול

Puzzle 95

ה	ה	נ	ו	כ	ח	י	ת	ך	ע	צ	ו	ב	ת	ו
ל	ח	ה	ה	נ	ב	ס	מ	ש	ל	ו	ל	ד	ו	ן
ח	ו	ו	ר	ו	ת	ב	ה	ר	י	י	ל	ה	י	מ
מ	י	א	ף	ר	ָ	ע	ו	ו	ג	ו	ל	ר	נ	ו
ן	י	ג	כ	צ	ט	ר	ג	מ	א	ב	ה	ט	מ	ה
ב	ל	ת	ת	ע	ה	ז	ו	ב	ב	ת	ש	פ	ח	מ
נ	ו	ם	ב	מ	ו	ו	ש	י	ק	ד	ת	ו	ה	י
מ	ר	י	מ	ז	ו	ן	צ	נ	ר	ו	ה	ש	ג	ל
ר	נ	נ	צ	י	פ	נ	י	ש	ו	נ	ד	ל	ז	ה
י		ב	ו	י	ת	פ	ל	ן	ה	ב	פ	ט	ר	מ
י	כ	ל	ד	ו	א	צ	ע	פ	ו	ע	ר	ד	ו	ע
ל	י	ב	ו	ד	ו	י	ם	כ	ל	א	ל	י	מ	א
ם	ח	ו	ר	ע	ר	ש	י	ו	ל	ל	ח	ס	ח	ה
ם	נ	ו	מ	מ	ה	ת	ו	מ	ת	ל	ב	ם	ל	ד

לילך
גזר
גיל
יכל
לעכל
משלו
הנוכחית
בתורו
פני
החוף

מחפשת
חמניות
מעצרו
בקרוב
לשופט
בלונים
מזון
מחלה
לדון
עצוב

Puzzle 96

ש מ ל א י י ו מ ז ל ו פ פ ל ס
ד ר ב ז ל ך מ ט כ ל מ ל ח ם ה
ד ב ת י ל י צ א ה כ ל מ ו ה ו
ר ע ג ל ת ר ד ו י ה נ ן נ צ י
מ א ס ע י ע ד א צ י ט ד ל מ ר
ל מ ל י מ ה ש ה ו ע ס י נ נ כ
פ ס כ נ ר ל י ת י ו ו ח ס י ח
פ ל מ ב ח ר ה ג י ר י ר י י ה
ר ב נ ו ר ח ש א ת ג ה ן ו ף א
צ ר ב ל ל כ ו ד צ ו ס ה י ד ח
ב ה ק א ח א נ ץ י פ ס ו ת ו ר
ב צ מ ה ש ת י ר ח ס מ ה ה ר ו
י א ר ת י ע ן א ב ל ו י צ ד ן
ו ת ו כ ו ל י ה ג ק מ א ר י נ

לנוח
לסגת
לחם
האצילית
האחרון
לספוג
להעריך
שחר
מסחרית
המצב

להצהיר
ללכוד
עגלת
לחמניות
עליז
דאגת
מבחר
אשתו
ארץ
ברד

Puzzle 97

ש	ה	ב	ר	נ	ף	ו	ט	ע	ל	ג	י	כ	ד	ה
י	י	ו	א	ר	ת	ו	א	צ	ו	ה	ת	י	ת	ג
ע	ו	נ	י	ו	א	ז	ו	פ	ח	ג	ג	צ	ו	ב
ו	ע	ס	ו	ק	י	י	ה	א	ו	צ	ר	ה	ל	ס
א	פ	ר	ת	ם	ק	ש	ו	ב	ל	כ	ד	צ	ב	ן
ס	י	ת	י	ס	מ	ס	ת	מ	ה	ה	ה	י	ש	ו
ת	ו	ר	ר	ו	ר	י	ט	ת	ע	נ	ב	ר	ח	ל
ו	ב	י	א	ר	ב	ד	ב	ב	ל	ת	י	נ	מ	א
ד	ס	ה	י	ת	ל	ו	ו	ט	י	ה	ב	ת	מ	ח
ת	מ	ש	י	ה	א	צ	מ	ס	ב	ם	ט	ת	ד	ר
פ	ג	ק	ע	ל	ע	ב	ס	ע	ן	ב	ו	י	ח	ת
מ	ה	ו	ל	ה	מ	ב	מ	ן	ה	ו	ו	ת	ת	ת
ס	ו	ף	ו	ל	ס	פ	ו	פ	ו	ו	פ	מ	ל	י
ט	ח	ת	ל	נ	ב	נ	פ	ע	א	ד	מ	ד	מ	ג

בעל
מצאה
לעטוף
ראיות
הוצאות
קשוב
להעליב
סביבת
השקוף
דברים

הדרגתי
כתגובת
עוני
ארית
האוצר
עסוק
שהבר
לאחר
מחשב
חפוז

Puzzle 98

ב	ע	ש	י	ד	י	ה	ם	ג	פ	ל	נ	ט	ו	ת
ח	מ	ו	ע	ס	ל	ת	ו	נ	ו	ר	פ	ע	ו	ר
ז	ד	ו	ו	ו	א	ן	ר	ח	ש	ע	פ	ה	ל	י
ר	ת	י	ס	נ	ע	ק	ד	ו	ע	י	ה	צ	ח	ג
ה	ש	ר	ת	י	ר	י	ב	ז	ו	ר	א	ב	י	מ
ו	ל	ג	ת	י	ו	ר	ת	ש	כ	ב	ה	ע	מ	ב
מ	ר	י	פ	ק	ע	ו	ע	מ	א	ע	י	ו	א	ו
ף	ש	ל	א	ו	ו	ה	י	י	ב	מ	פ	נ	מ	ן
ת	א	ה	י	א	מ	נ	ת	ו	נ	י	ם	י	ן	ד
ל	ה	ת	ר	ח	ש	ה	ל	ו	י	מ	ו	ר	ס	א
ו	ח	פ	ב	ו	מ	ע	ן	ו	ר	ת	ר	י	ח	ל
ג	ח	פ	ה	ו	ב	מ	פ	מ	ו	מ	ו	ל	פ	כ
ב	ה	ד	י	מ	ע	ד	י	י	ל	ו	ל	ש	ל	ו
מ	ס	ו	ב	ך	פ	ג	א	מ	ם	ר	ו	ב	ן	ס

פלנטות
מעבר
נשיא
במגירת
בחזרה
כוס
צבעוני
עפה
הוריקן
מסובך

אוקיינוס
להתרחש
בדרום
למרות
נתונים
מאמן
עמדת
שעועית
עפרונות
שכבה

Puzzle 99

ל	ה	ש	ת	ל	ש	ל	ח	ה	ש	ר	נ	ס	פ	ג
ב	ד	ר	ו	י	נ	ל	א	מ	מ	ח	ך	י	ס	נ
ש	ן	ל	י	ת	כ	ק	ה	פ	ל	ר	כ	כ	ת	ה
י	ת	פ	ח	ה	ל	ו	ב	צ	צ	ך	ו	ת	ב	ה
ס	י	מ	ן	ג	ר	ש	ל	א	י	ד	מ	ל	ה	מ
מ	ו	מ	כ	ד	י	א	ה	כ	ת	ג	ו	ה	ב	ב
ג	ר	ה	צ	מ	ב	מ	י	פ	ד	ן	כ	ח	י	ו
נ	ת	ו	ן	ז	א	ב	ו	ת	ה	ש	ן	ל	נ	ר
מ	א	מ	ר	י	ש	ה	י	ר	ח	ה	ו	י	ו	ג
ר	ם	ה	ח	ה	מ	ו	ד	ו	ר	י	ד	ט	נ	ר
ם	ו	ל	ן	מ	ש	ה	ר	ת	ו	◌	י	ר	י	ש
ו	ג	ו	מ	ת	י	ל	ו	פ	ל	ו	פ	מ	ת	ו
ב	ב	ו	ת	ח	ב	ס	ש	ל	ב	י	ו	ת	ת	ר
ק	ש	א	י	א	ו	מ	צ	ת	א	ת	ק	מ	ח	נ

נסיך
להציג
נתון
זאב
להשתלשל
להחליט
בתוך
סימן
סיכת
רדיו

הבינונית
קופידון
אכפת
המבורגר
יכול
מאמרי
חיות
גימור
מוכן
לפתור

Puzzle 100

ת	ח	ב	ה	ב	ת	ו	ת	ו	ד	ר	ם	ה	ש	ת
י	ע	ל	ו	ה	י	ר	ו	ג	ט	ק	ב	ל	ה	ה
נ	ת	צ	ה	מ	ם	מ	פ	ע	פ	ח	ם	ק	ט	א
ל	י	ל	ת	ב	ג	מ	ק	ו	ר	נ	ם	כ	י	י
כ	ש	ו	ו	פ	ל	ש	נ	ו	ת	פ	ו	ד	ס	ש
ב	פ	ה	ו	מ	ר	ו	צ	ה	ו	ה	ע	פ	ש	ה
ר	נ	ר	ש	מ	ו	י	ו	ו	נ	פ	ד	נ	כ	ו
ב	ה	ש	ה	ע	ק	נ	נ	ו	ו	א	י	ו	מ	ת
ע	ה	ת	ל	ם	מ	נ	ן	ח	ש	ר	פ	א	נ	פ
ו	ד	ת	ג	ו	ק	ל	ע	נ	א	ר	ל	א	מ	ו
ן	ו	מ	ן	מ	מ	ע	י	מ	ר	ו	ו	מ	ו	ס
ח	י	ח	י	פ	ת	י	ו	ל	ר	מ	י	י	ל	ה
נ	א	ו	ל	מ	ד	י	ד	ת	נ	מ	י	נ	ק	ב
ח	פ	מ	א	ל	י	ר	ע	פ	ש	נ	כ	ע	י	נ

לשנות
כלנית
הרשת
ברבעון
בקטגוריה
קיצור
יעלו
מגבת
נמלת
בוצי

מרוצה
מקור
הנפשית
האיש
ראשונות
למדידת
השפעה
פחם
שלם
להשוות

Puzzle 1

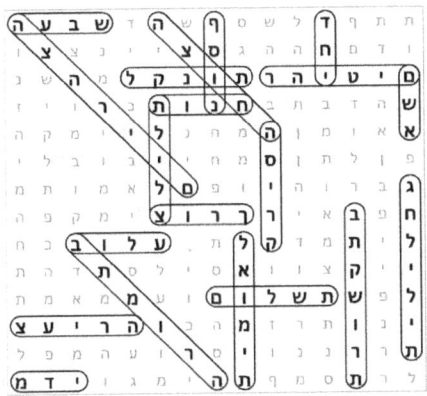

Puzzle 2

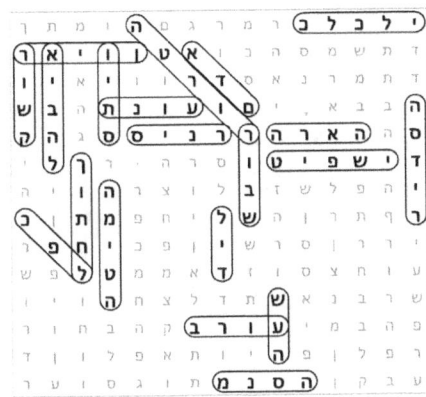

Puzzle 3

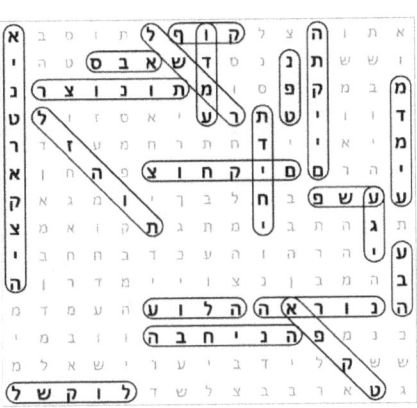

Puzzle 4

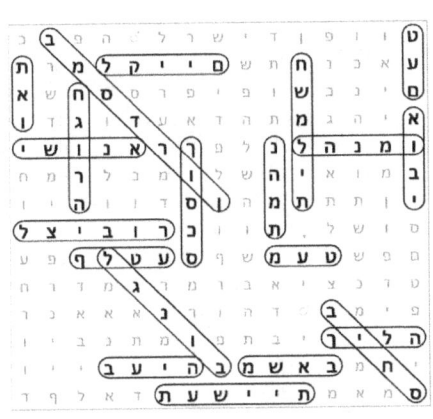

Puzzle 5

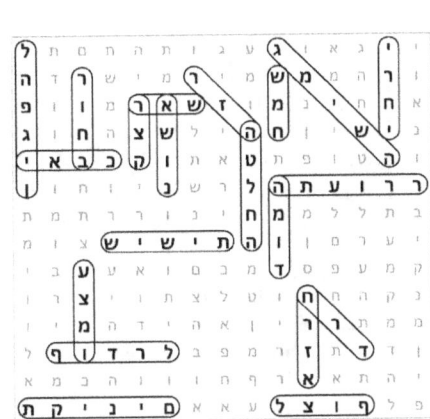

Puzzle 6

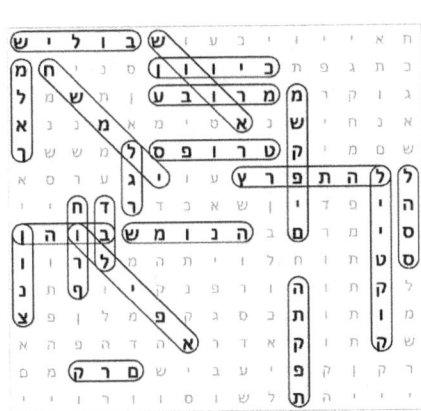

Puzzle 7

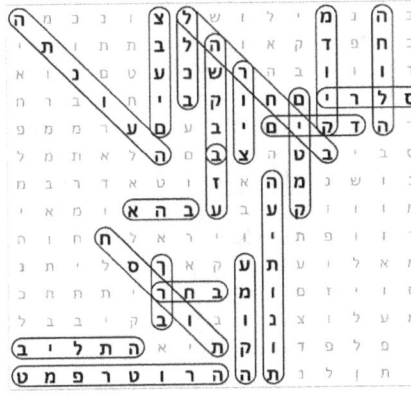

Puzzle 8

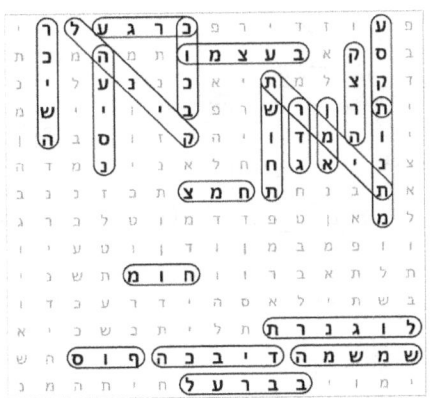

Puzzle 9

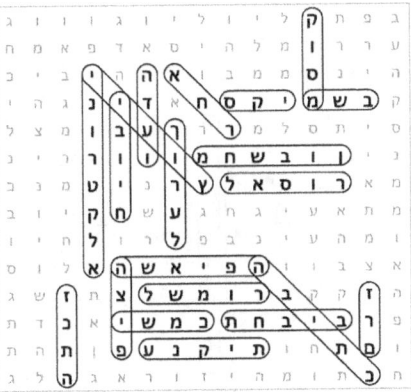

Puzzle 10

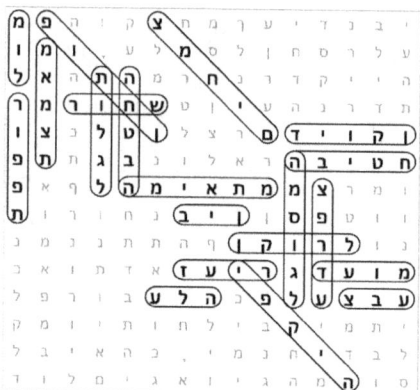

Puzzle 11

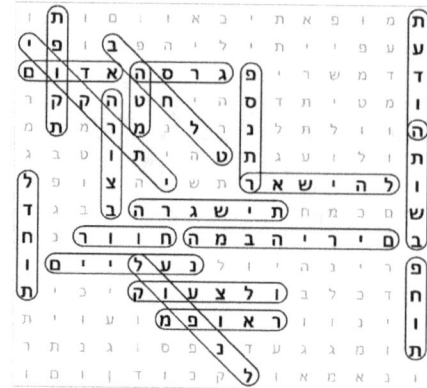

Puzzle 12

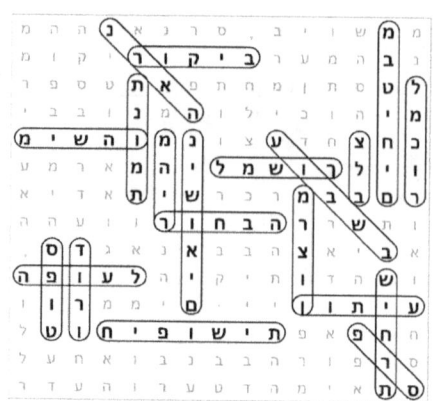

Puzzle 13

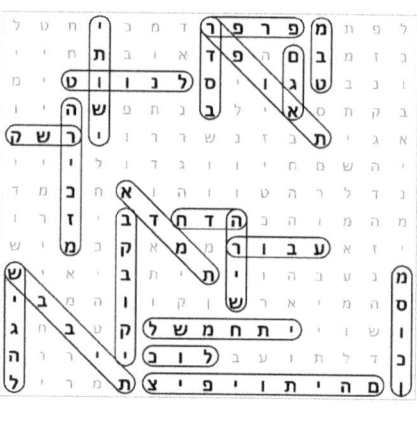

Puzzle 14

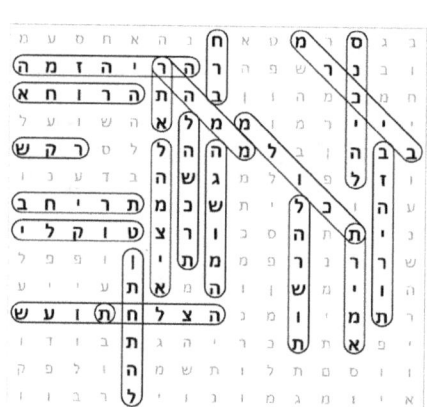

Puzzle 15

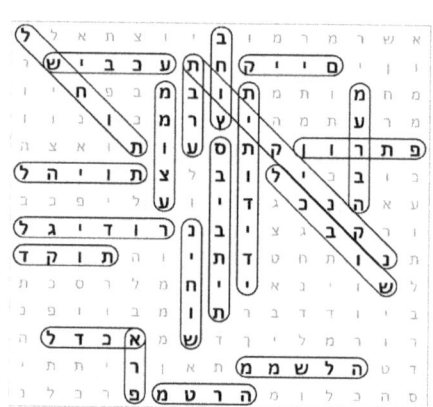

Puzzle 16

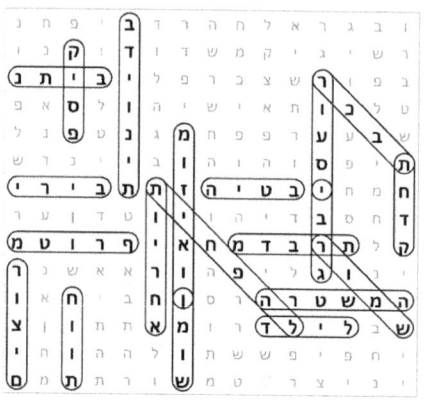

Puzzle 17

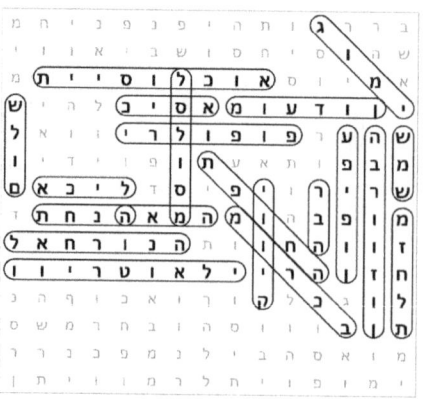

Puzzle 18

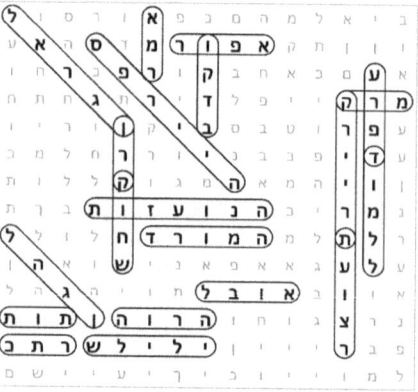

Puzzle 19

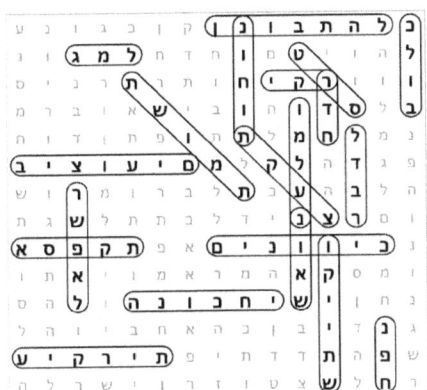

Puzzle 20

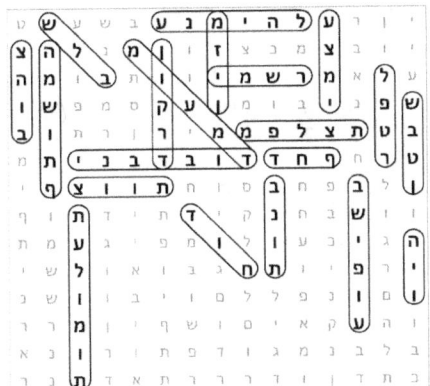

Puzzle 21

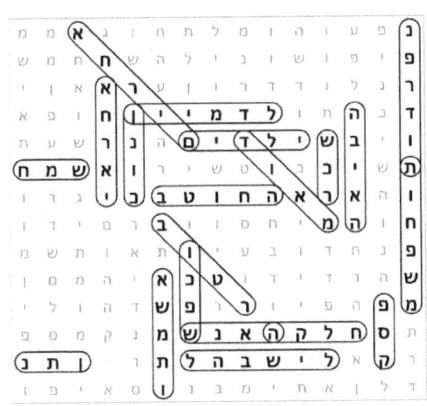

Puzzle 22

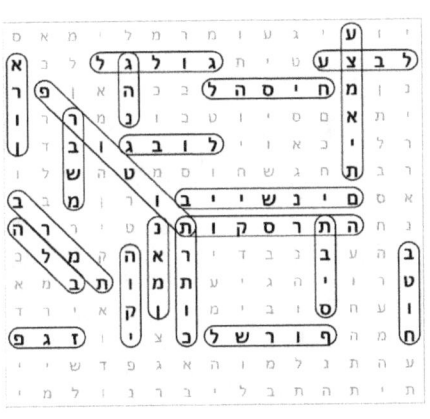

Puzzle 23

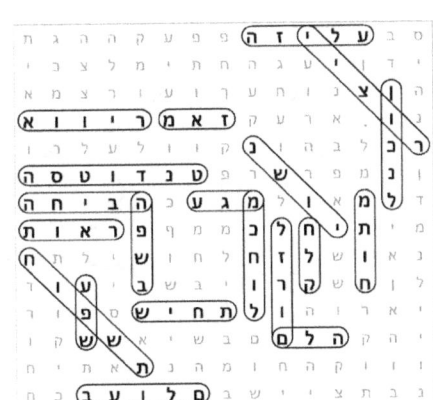

Puzzle 24

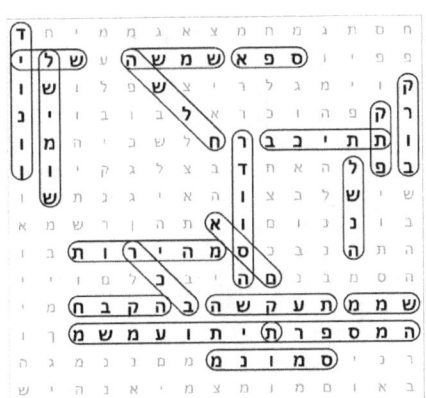

Puzzle 25

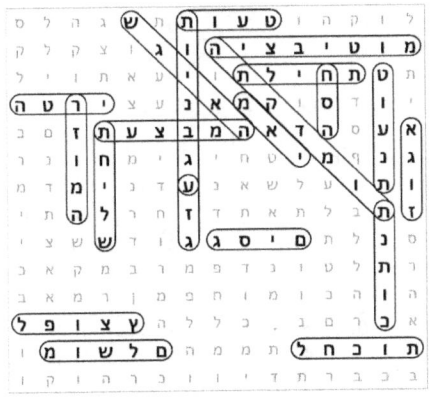

Puzzle 26

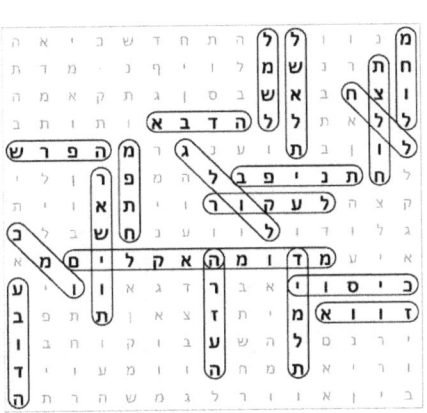

Puzzle 27

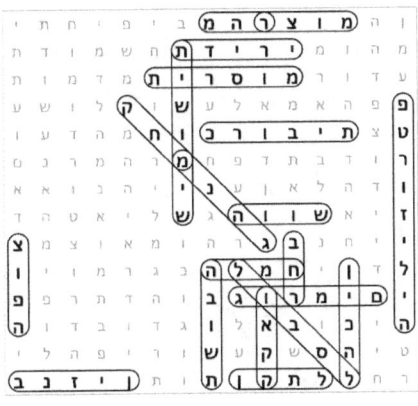

Puzzle 28

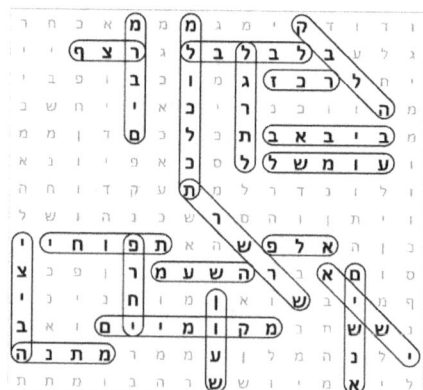

Puzzle 29

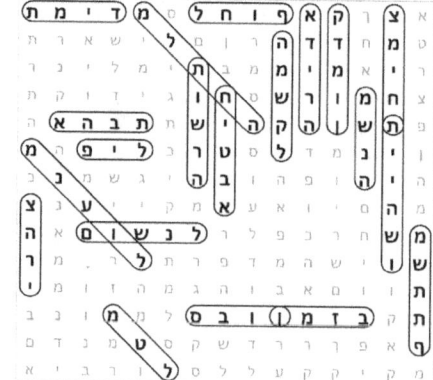

Puzzle 30

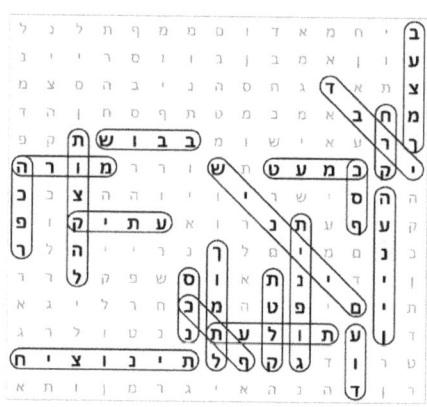

Puzzle 31

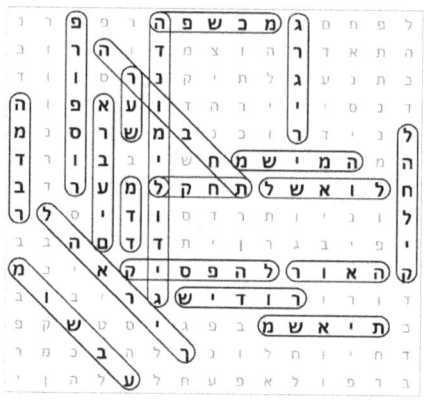

Puzzle 32

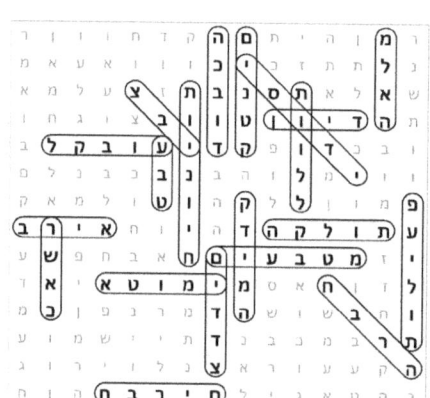

Puzzle 33

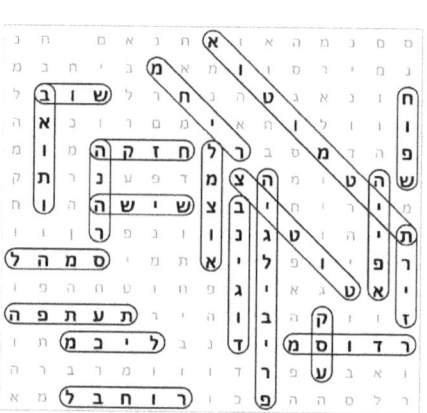

Puzzle 34

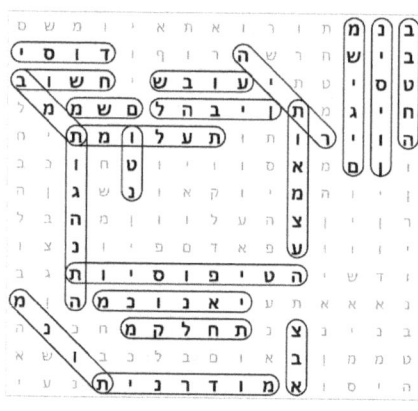

Puzzle 35

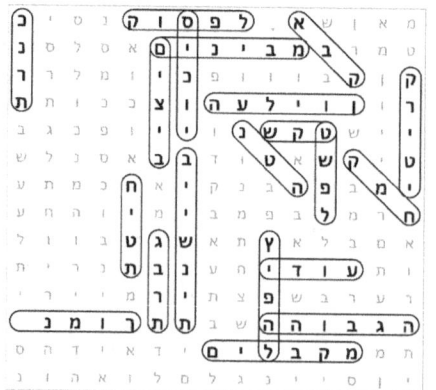

Puzzle 36

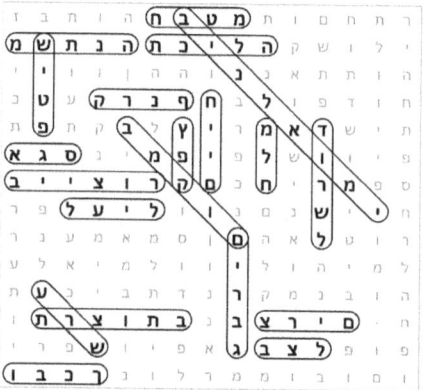

Puzzle 37

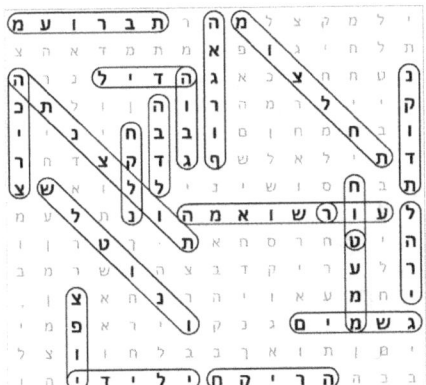

Puzzle 38

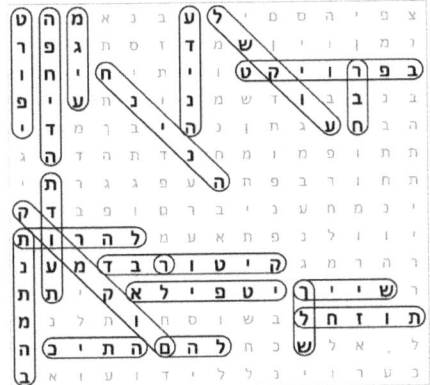

Puzzle 39

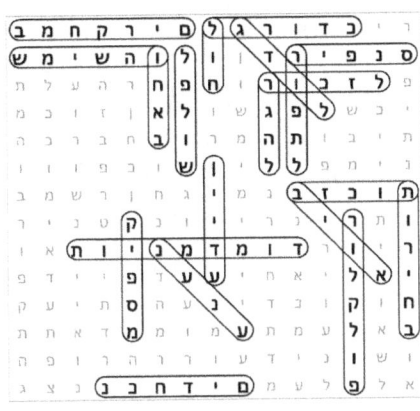

Puzzle 40

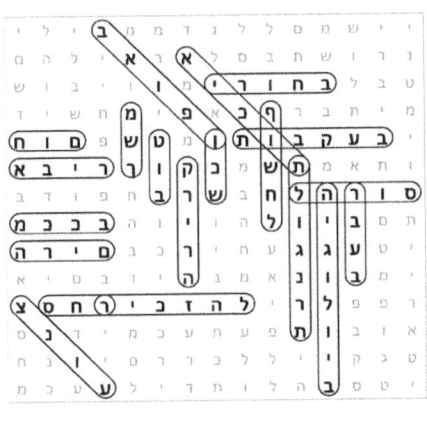

Puzzle 41

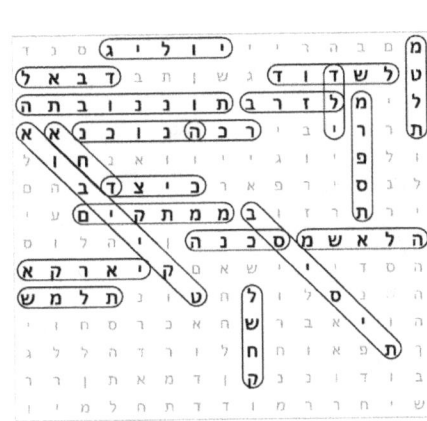

Puzzle 42

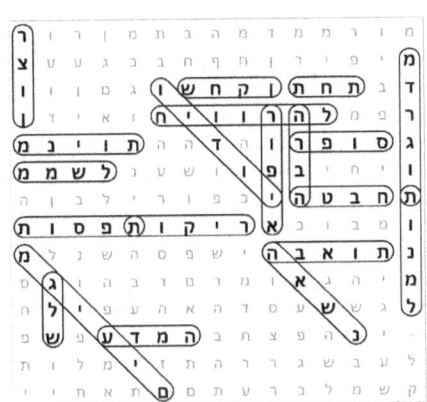

Puzzle 43

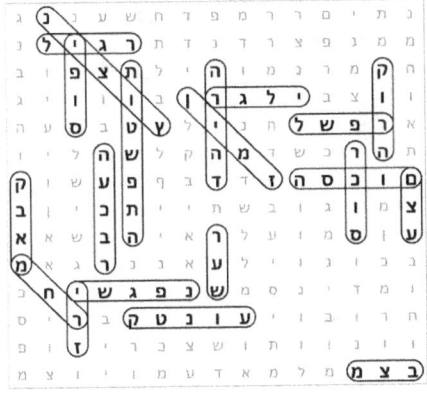

Puzzle 44

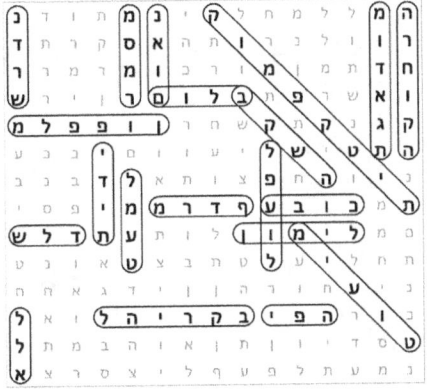

Puzzle 45

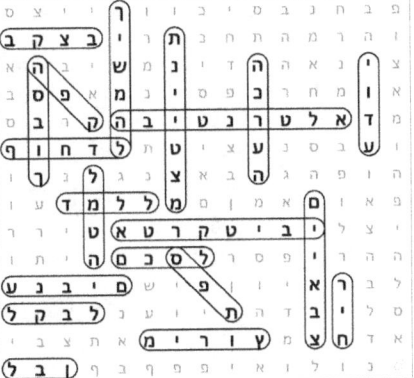

Puzzle 46

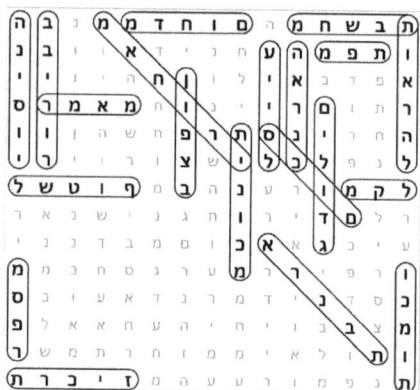

Puzzle 47

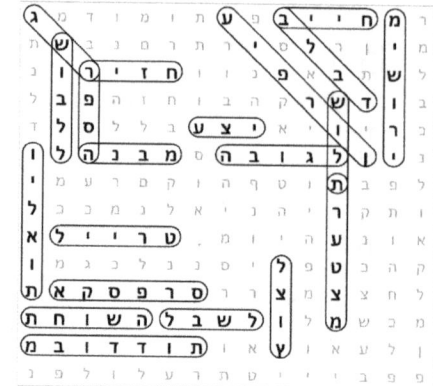

Puzzle 48

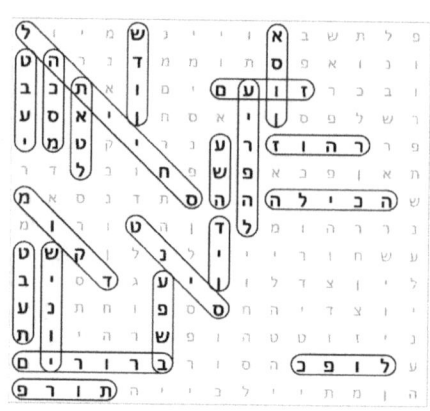

Puzzle 49

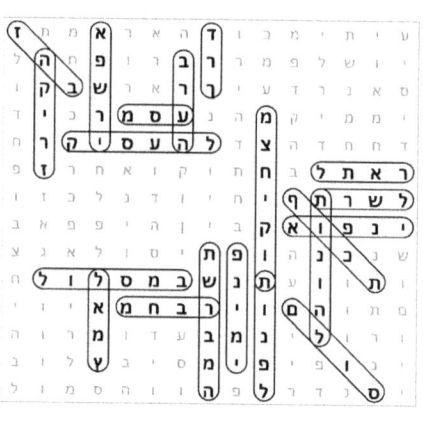

Puzzle 50

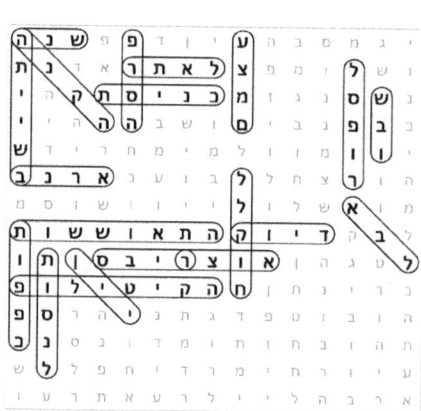

Puzzle 51

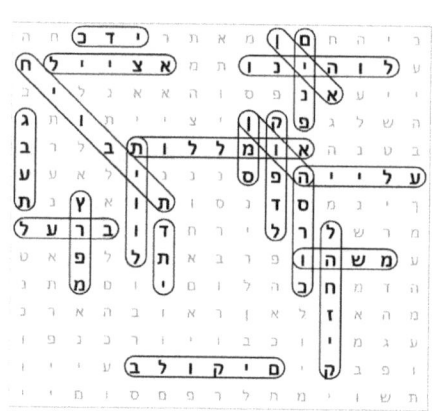

Puzzle 52

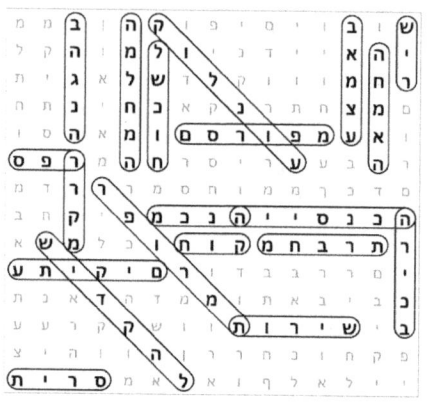

Puzzle 53

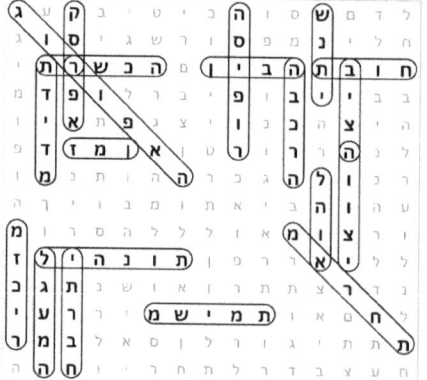

Puzzle 54

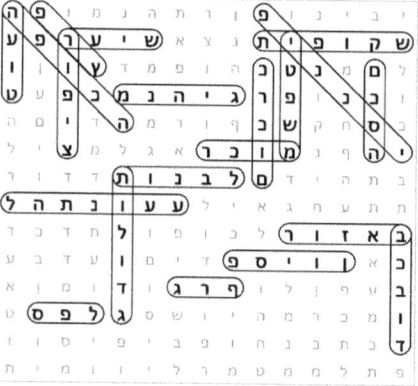

Puzzle 55

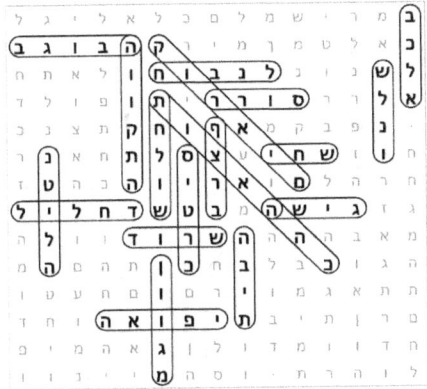

Puzzle 56

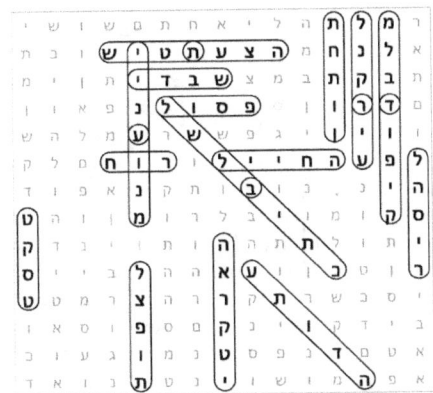

Puzzle 57

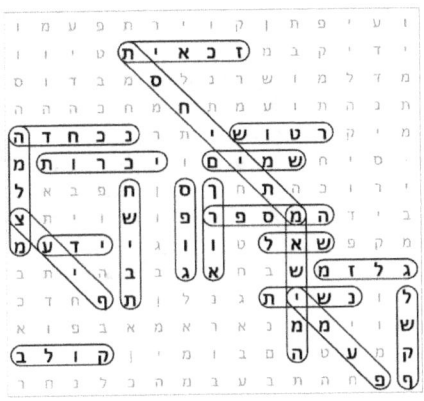

Puzzle 58

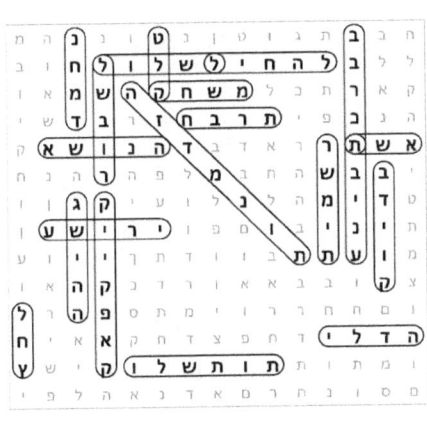

Puzzle 59

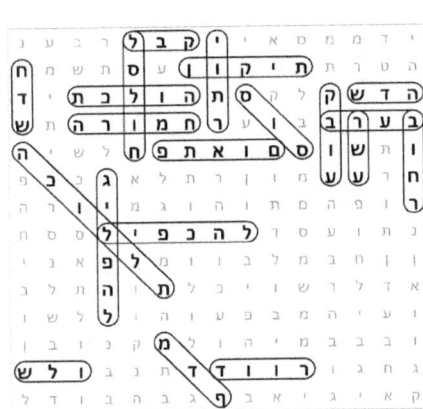

Puzzle 60

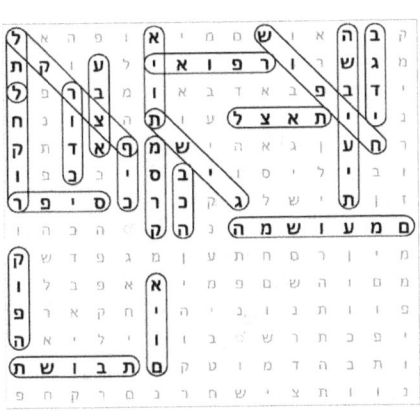

Puzzle 61

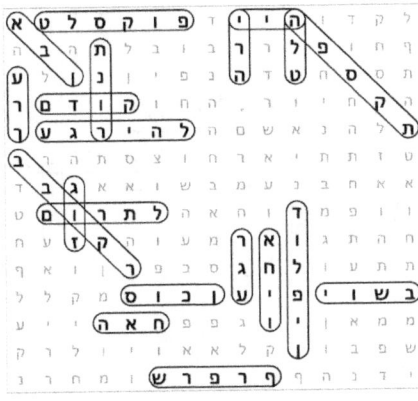

Puzzle 62

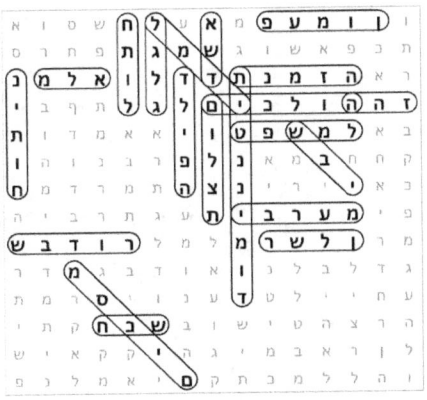

Puzzle 63

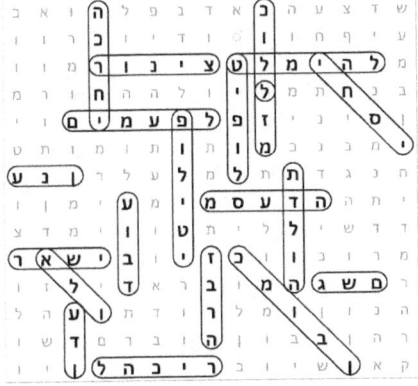

Puzzle 64

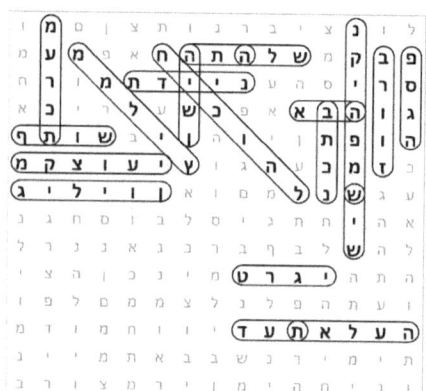

Puzzle 65

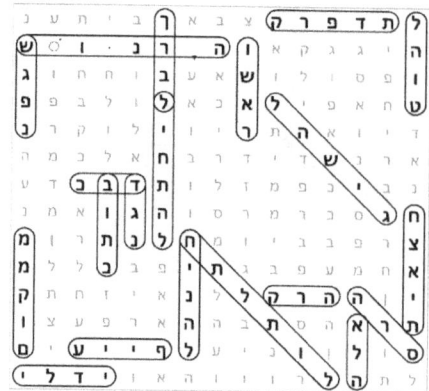

Puzzle 66

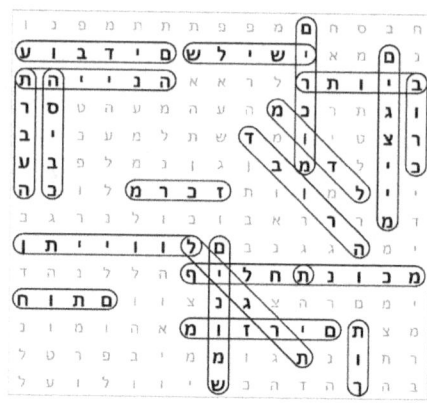

Puzzle 67

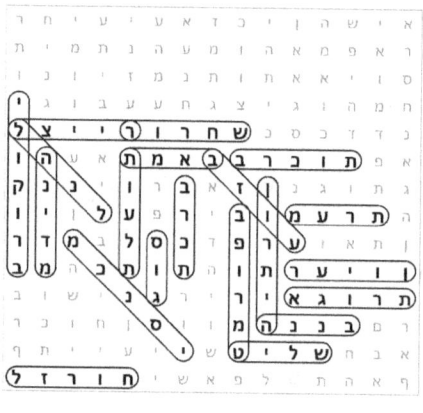

Puzzle 68

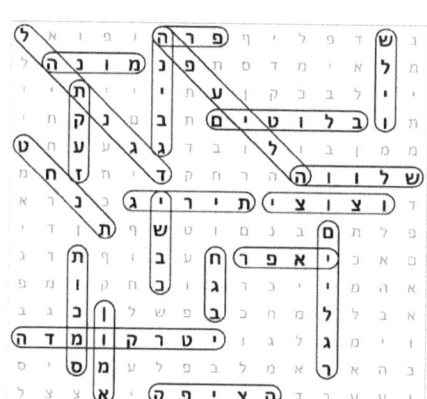

Puzzle 69

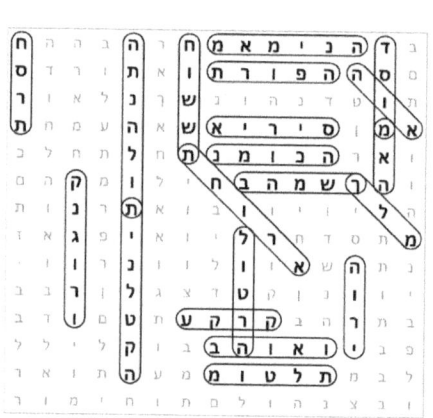

Puzzle 70

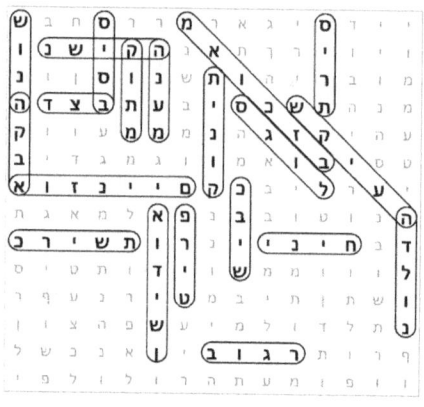

Puzzle 71

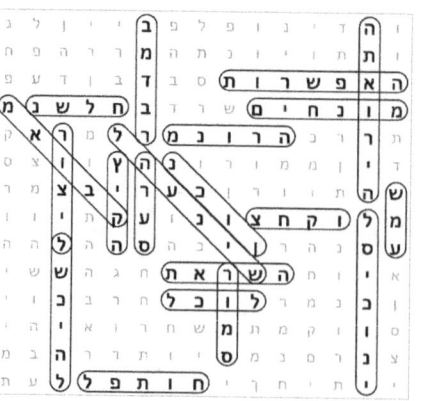

Puzzle 72

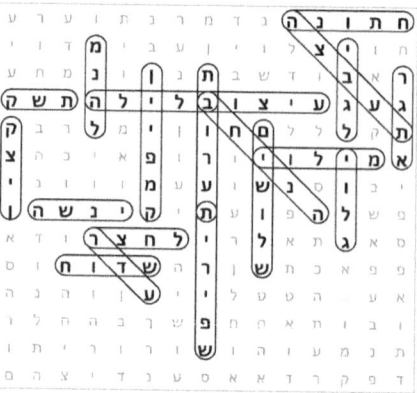

Puzzle 73

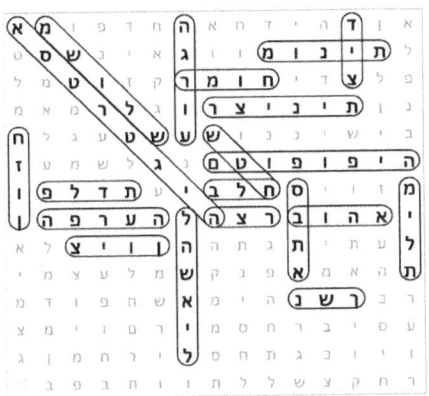

Puzzle 74

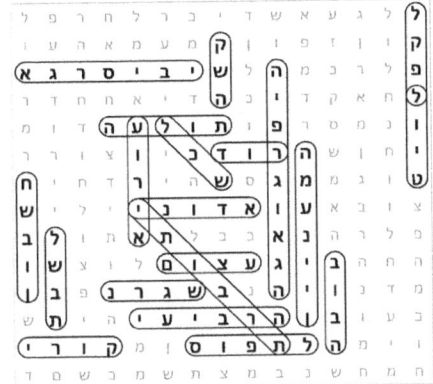

Puzzle 75

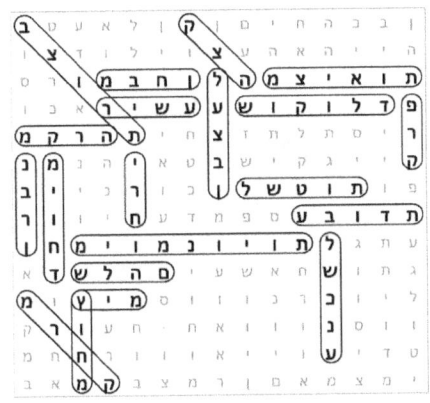

Puzzle 76

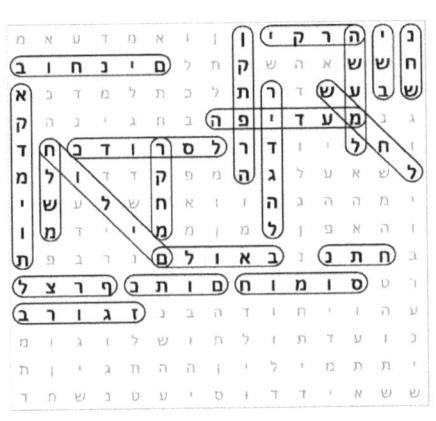

Puzzle 77

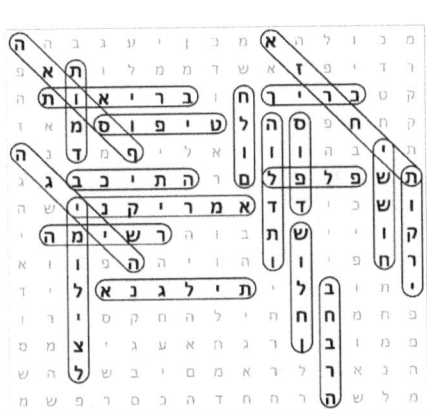

Puzzle 78

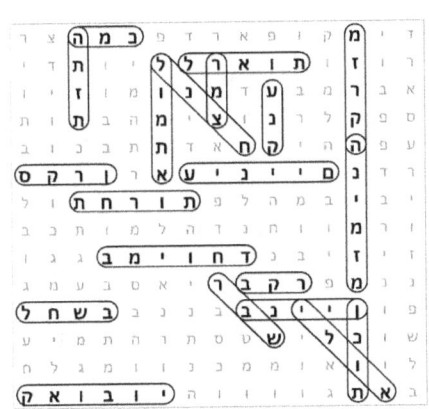

Puzzle 79

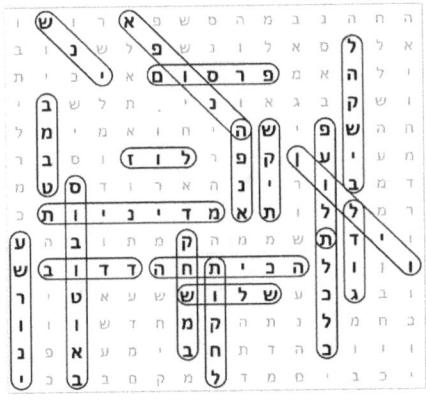

Puzzle 80

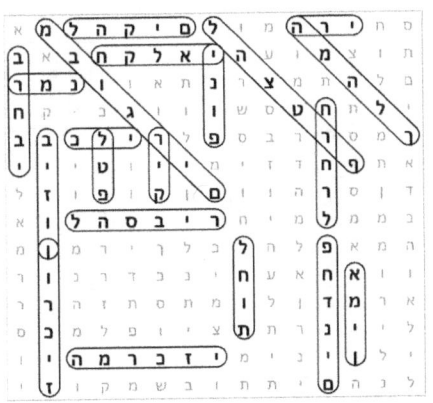

Puzzle 81

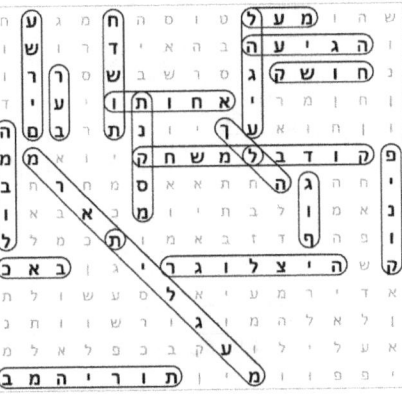

Puzzle 82

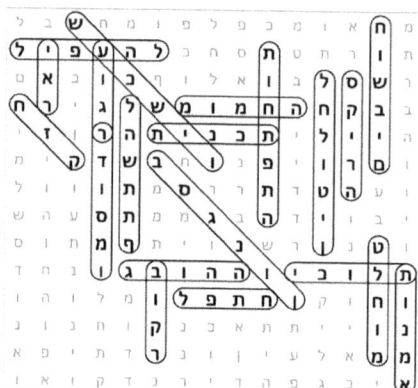

Puzzle 83

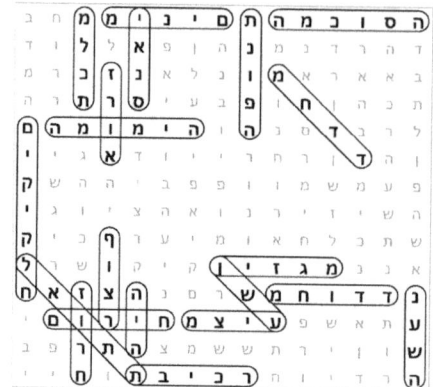

Puzzle 84

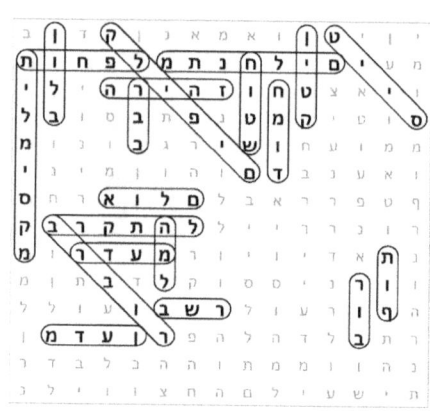

Puzzle 85

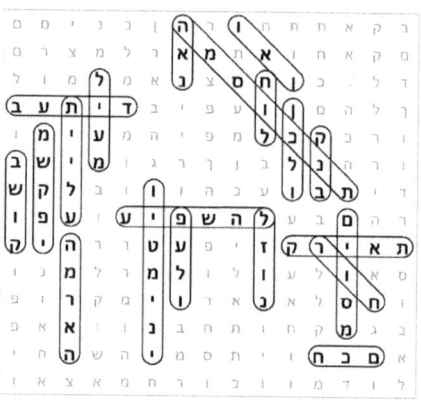

Puzzle 86

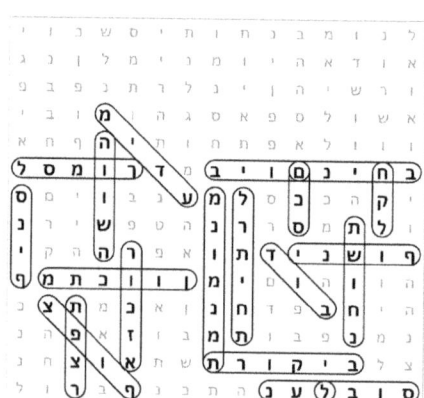

Puzzle 87

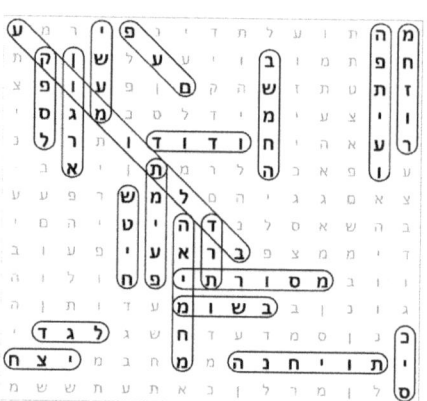

Puzzle 88

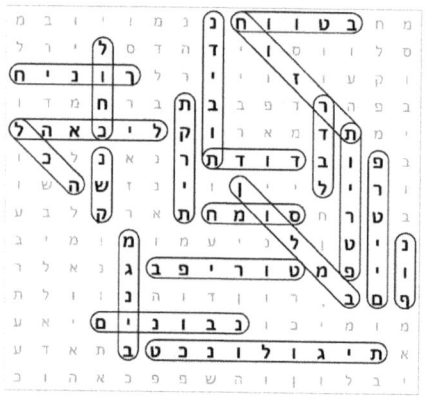

Puzzle 89

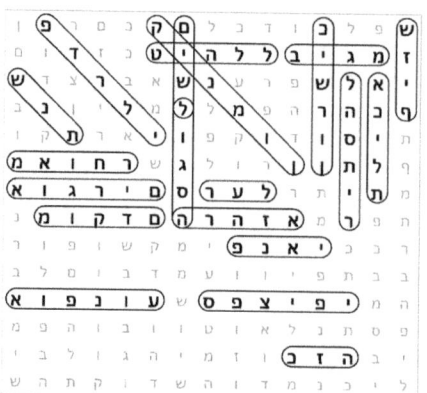

Puzzle 90

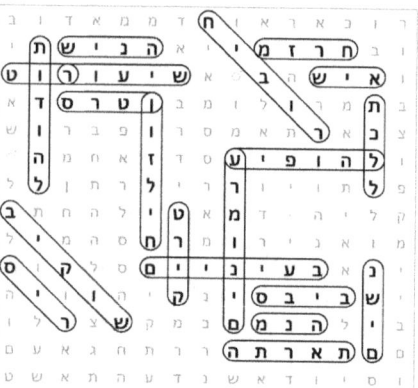

Puzzle 91

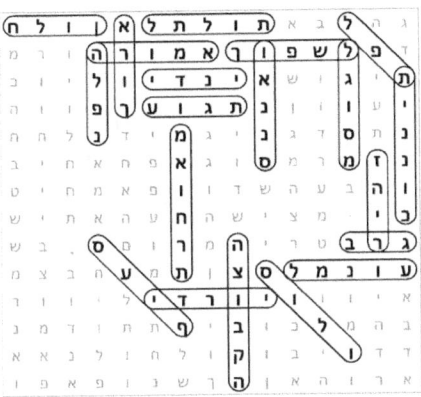

Puzzle 92

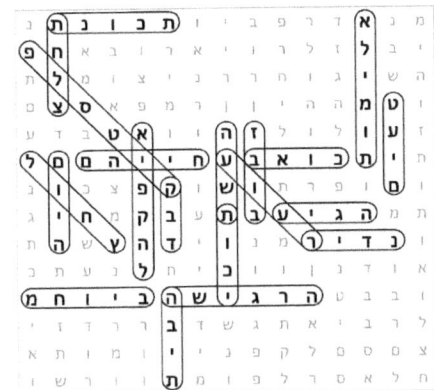

Puzzle 93

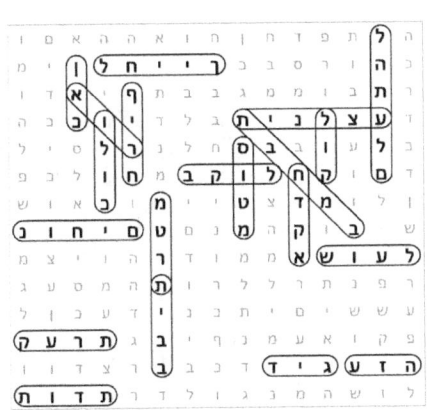

Puzzle 94

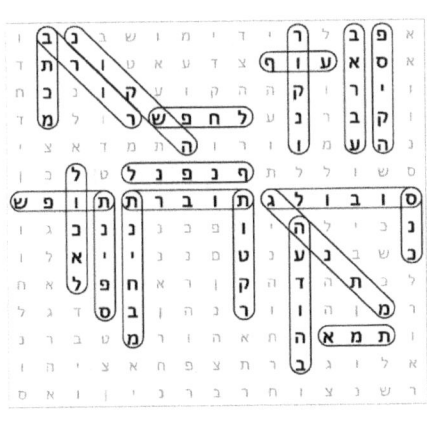

Puzzle 95

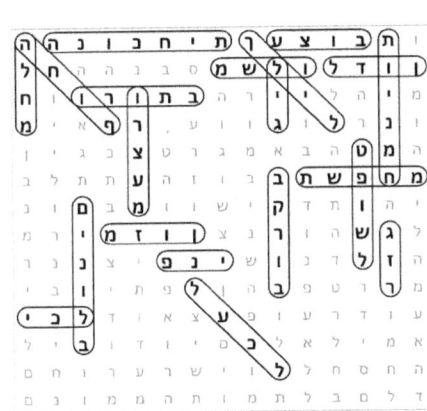

Puzzle 96

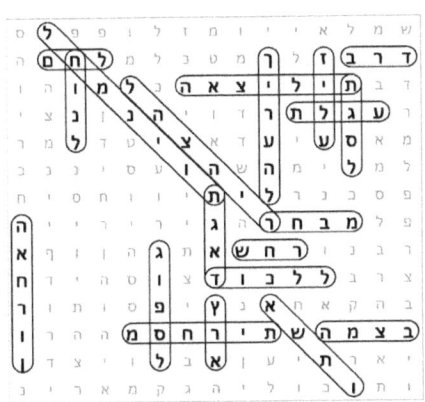

Puzzle 97

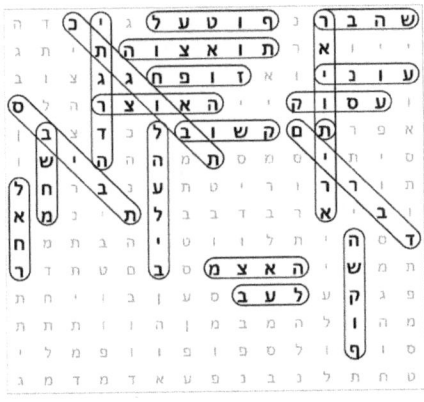

Puzzle 98

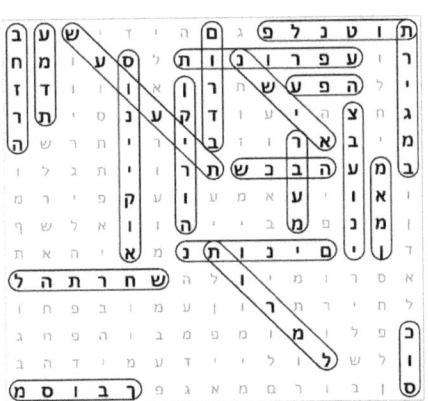

Puzzle 99

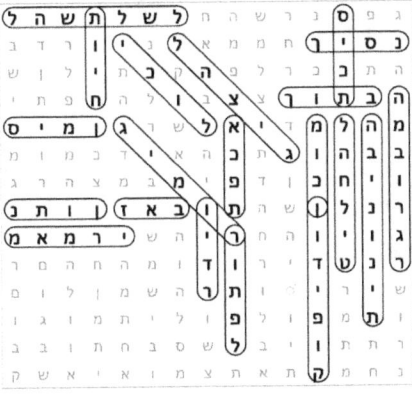

Puzzle 100

ת	ש	ה	ם	ר	ד	ו	ת	ו	ת	ב	ה	ב	ח	ת
ה	ה	ל	ב	ק	ט	ג	ו	ר	י	ה	ו	ל	ע	י
א	ט	ק	ם	ח	פ	ע	פ	מ	ם	מ	ה	צ	ת	נ
י	י	כ	ם	נ	ר	ו	ק	מ	ג	ב	ת	ל	י	ל
ש	ס	ד	ו	פ	ת	ו	נ	ש	ל	פ	ו	ו	ש	כ
ה	ש	פ	ע	ה	ו	ה	צ	ו	ר	מ	ו	ה	פ	ב
ו	כ	ג	ד	פ	נ	ו	ו	י	ו	מ	ש	ר	נ	ר
ת	מ	ו	י	א	ו	ו	נ	נ	ק	ע	ה	ש	ה	ב
פ	נ	א	פ	ר	ש	ח	ן	נ	מ	ם	ל	ת	ה	ע
ו	מ	א	ל	ר	א	נ	ע	ל	ק	ו	ג	ת	ד	ו
ס	ו	מ	ו	ו	ר	מ	י	ע	מ	מ	ן	מ	ו	ן
ה	ל	י	י	מ	ר	ל	ו	י	ת	פ	י	ח	י	ח
ב	ק	נ	י	מ	נ	ת	ד	י	ד	מ	ל	ו	א	נ
ג	י	ע	כ	נ	ש	פ	ע	ר	י	ל	א	מ	פ	ח

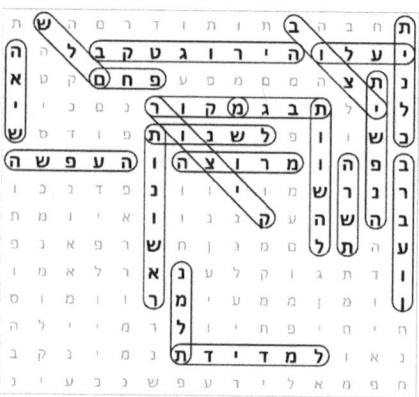

Congratulations

You made it!

We hope you enjoyed this book as much as we enjoyed making it. We do our best to make high quality games.

These puzzles are designed in a clever way to actively spark the brain and make it sharp and quick!
Did you love them?

A Simple Request

Our books exist thanks to the reviews you post on Amazon. Could you help us by leaving a review now?

Here is a short link which will take you to your Amazon orders review page.

BestBooksActivity.com/Review50

MONSTER CHALLENGE!

Challenge #1

Ready for Your Bonus Game? We use them all the time but they are not so easy to find. Here are **Synonyms**!

Note 5 words you discovered in each of the Puzzles noted below (#21, #36, #76) and try to find 2 synonyms for each word.

Note 5 Words from *Puzzle 21*

Words	Synonym 1	Synonym 2

Note 5 Words from *Puzzle 36*

Words	Synonym 1	Synonym 2

Note 5 Words from *Puzzle 76*

Words	Synonym 1	Synonym 2

Challenge #2

Now that you are warmed-up, note 5 words you discovered in each Puzzle noted below (#9, #17, #25) and try to find 2 antonyms for each word. How many lines can you do in 20 minutes?

Note 5 Words from *Puzzle 9*

Words	Antonym 1	Antonym 2

Note 5 Words from *Puzzle 17*

Words	Antonym 1	Antonym 2

Note 5 Words from *Puzzle 25*

Words	Antonym 1	Antonym 2

Challenge #3

Wonderful, this monster challenge is nothing to you!

Ready for the last one? Choose your 10 favorite words discovered in any of the Puzzles and note them below.

1.	6.
2.	7.
3.	8.
4.	9.
5.	10.

Now, using these words and within a maximum of six sentences, your challenge is to compose a text about a person, animal or place that you love!

Tip: You can use the last blank page of this book as a draft!

Your Writing:

Explore a Unique Store
Set Up **FOR YOU!**

NOTEBOOK:

SEE YOU SOON!

Delta Classics Team

ENJOY FREE GAMES

NOW ON

↓

BESTACTIVITYBOOKS.COM/FREEGAMES